ALFONS SCHUHBECK

Meine schnellen Rezepte

FÜR JEDEN TAG

Inhaltsverzeichnis

Rund um Nudeln, Reis & Co.

↓

Süßes & Desserts

↓

Mit Fleisch & Fisch

↓

Menüvorschläge

↓

Endlich mehr Zeit!

„20 Minuten" lauten meine Zauberworte für die schnelle Küche: kurze Zubereitung – ganz viel Genuss!

LIEBE LESERINNEN UND LESER,

darf ich Ihnen auf die Schnelle etwas verraten? Ich glaube, Sie und ich haben manches gemeinsam. Auch in der Profiküche zum Beispiel herrscht meistens Hochdruck. Man muss auf Zack sein, und es kommt auf die Minute an. Dieses Gefühl kennen Sie bestimmt auch, wenn Sie nach der Arbeit nach Hause kommen. Da zählt man doch die Minuten, bis endlich das Essen auf dem Tisch steht, stimmt's? Ja, unser Lebensrhythmus hat sich verändert, der Alltag wird immer schneller. Viele haben nicht nur einen, sondern gleich mehrere Jobs. Da bleibt fürs Kochen kaum Zeit.

Bei meinen Großeltern und Eltern wurde noch jeden Tag mindestens einmal frisch gekocht. Alle saßen am Tisch, aßen zusammen und haben geratscht. Nach dieser Art von Gemütlichkeit sehne ich mich manchmal zurück. Und nicht nur ich! Wir alle hätten gerne wieder mehr Zeit zum Entspannen, zum Durchschnaufen und Miteinander-Genießen.

Genau dabei möchte ich Ihnen helfen. Mit meinen Tricks und Kniffen aus der Profiküche und mit Rezepten, bei denen das Timing stimmt.

Für jedes Gericht brauchen Sie maximal 6 frische Zutaten zu kaufen. Tipps zur Vorratshaltung, zum schnellen Vorbereiten und raffinierte Resterl-Ideen helfen Ihnen, Zeit zu sparen. Auch die Zubereitung habe ich für Sie rasant verkürzt: Insgesamt 20 Minuten fürs Waschen, Schnippeln, Rühren und Würzen zum Beispiel – das kann sich sehen lassen! Die zusätzliche Garzeit ist dann Job von Pfanne, Topf und Ofen.

Sanftes Garen bei milder Hitze schont die Vitamine; frische Kräuter machen aus den Rezepten Fitmacher mit Genuss. Würzige Currys und schnelle Süppchen, flotte Dips, Saucen und Salate, duftende Eintöpfe, knackiges Gemüse, saftiger Fisch und Kurzgebratenes – das ist was G'scheits, das gesund ist und schmeckt! Und zum Nachtisch? Gibt's Blitz-Desserts – und ganz viel gewonnene Zeit obendrauf.

Mehr Lebensfreude, weniger Rumtun am Herd – das ist das beste Rezept gegen Stress!

HERZLICH
Ihr Alfons Schuhbeck

KAPITEL 1

Tipps & Tricks für die schnelle Küche

Wenig Zeit zum Kochen?
Dann lesen Sie vorher am besten
meine Ratschläge
für die Ruck-zuck-Küche!

Mit denen geht's schneller

Mit den richtigen Küchengeräten geht es auch beim Schnippeln, Vorbereiten und Garen superfix. Hier finden Sie Küchenhelfer und Gerätschaften aufgelistet, die Sie für ein problemloses Arbeiten mit meinen Rezepten griffbereit haben sollten.

ELEKTRISCHE GERÄTE
Küchenmaschine/Handrührgerät
Mixer/Blitzhacker
Stabmixer
Wasserkocher (siehe S. 15)
Mikrowelle

TÖPFE, PFANNEN & CO.
Grillpfanne
beschichtete Bratpfannen
(ca. 20 und 28 cm Durchmesser,
am besten mit dickem Boden
und ofenfest)
Töpfe (ca. 25, 20 und 15 cm Durchmesser;
statt Deckel geht auch Backpapier)
Schmortopf mit Deckel
ofenfeste Formen/Auflaufformen
Backbleche
kleine Auflaufförmchen/Muffinblech

KLEINE KÜCHENHELFER
je 1 gutes Koch-, Schäl-
und Brotmesser
Schneidebretter in
verschiedenen Größen
Rührschüssel/hoher Rühr-
becher/Metallschüssel
Siebe
Gewürzmühle
Zitrus-/Saftpresse
Backpinsel
Teigschaber
Schneebesen
Salatschleuder
Kochlöffel
Schöpflöffel
Schaum- oder Frittierlöffel

Pfannenwender/Winkelpalette
Kartoffelpresse/-stampfer
Sparschäler
Gemüsereibe oder -hobel
Zestenreibe/Muskatnussreibe
Messbecher
Waage
Dosenöffner
Nudelholz
runde Ausstecher

ZUM AUFBEWAHREN
Plastikdosen zum Einfrieren
Gläser mit Schraubverschluss

Nudeln vorgaren

Nudeln können Sie ohne Geschmackseinbußen auf Vorrat garen. Am besten eignet sich Pasta aus Hartweizengrieß. Wichtig: das Kochwasser so stark salzen, dass es wie Meerwasser schmeckt, Ingwer gibt ebenfalls ein feines Aroma. Die Nudeln außerdem immer 2 bis 3 Minuten kürzer als auf der Packung angegeben garen, damit sie beim Wiedererhitzen noch Flüssigkeit aufnehmen können und erst dann bissfest werden.

---

1 Die vorgegarte Pasta in ein Sieb abgießen und abtropfen lassen, dann auf einem Backblech verteilen und kurz ausdampfen lassen.

2 Anschließend die Nudeln mit etwas Olivenöl mischen (etwa 2 bis 3 EL auf 500 g Nudeln) und vollständig abkühlen lassen. Die Nudeln in eine gut schließende Plastikbox füllen. So vorgegart, halten sie sich im Kühlschrank bis zu 5 Tagen. Sie können jederzeit die gewünschten Portionen entnehmen und wie im Rezept beschrieben erwärmen.

3 Zum Fertigstellen pro Portion (ca. 200 g) die Pasta mit 60 bis 80 ml Brühe und beliebigen Gewürzen in einer Pfanne so lange erhitzen, bis die Flüssigkeit vollständig aufgenommen ist. Dann alles mit Olivenöl, brauner Butter (siehe S. 19) oder Butter verfeinern. Gibt es eine eigene Sauce dazu, wie zum Beispiel eine Gorgonzola- oder Tomatensauce, die Nudeln erst in der Brühe erhitzen und dann die Sauce untermischen.

Schnelle Fleischsauce

Dünne Fleischscheiben wie Minutensteaks, Putenschnitzel oder Hähnchenbrustscheiben sind ideal für die schnelle Küche, da sie nur kurz in der Pfanne gebraten werden. Anders als bei Schmorgerichten entsteht dabei allerdings keine Sauce – man muss sie separat zubereiten. Besonders einfach und rasch gelingt Ihnen eine würzig-sämige Sauce zu Fleisch auf diese Weise:

---

1 Eine Pfanne bei mittlerer Temperatur erhitzen, etwas Öl darin verstreichen und die Fleischscheiben auf beiden Seiten kurz anbraten. Herausnehmen und beiseitestellen.

2 Etwa 80 ml Brühe in die Pfanne gießen, 1 TL Gewürzmischung (z. B. Steak- oder Brathähnchengewürz) hinzufügen und alles etwa ½ Minute einkochen lassen. Die Pfanne vom Herd nehmen, 2 EL kalte Butter in Flöckchen dazugeben und unterrühren.

3 Zum Servieren die Pfanne wieder auf den Herd stellen und die beiseitegestellten Fleischscheiben in der Sauce nochmals kurz erhitzen. Mit mildem Chilisalz abschmecken und nach Belieben mit frischen Kräutern bestreuen.

10 Zeitspartipps

*Tiefkühlgemüse, Schnellkochreis oder Mikrowelle –
wer die heutige Technik und Halbfertigprodukte
sinnvoll einsetzt, kann trotz begrenzter Zeit daheim
gesund und gut kochen. Hier verrate ich Ihnen meine
zehn wichtigsten Tipps für die schnelle Küche:*

1 GUT VORBEREITEN
Alles vor dem Kochen rechtzeitig auf die Arbeitsfläche stellen.
Mit dem Arbeitsschritt anfangen, der am längsten dauert.

2 MILDE HITZE IST COOLER
Bei milder Hitze garen, dann ist alles stressfreier. Denn wer bei
sehr starker Hitze kocht, ist ständig damit beschäftigt, umzurüh-
ren und darauf zu achten, dass nichts anbrennt oder verkocht.

3 REGELMÄSSIG CHECKEN
Immer darauf achten, dass die Vorräte aufgefüllt sind. Im Zweifel
lieber einen Becher Sahne mehr mitnehmen oder für Notfälle
Kochsahne oder H-Milch zu Hause haben. Auch Fisch, Spinat oder
Kräuter im Tiefkühlfach sind unerlässlich.

4 INTELLIGENTE BEILAGEN
Wählen Sie Produkte mit kurzer Garzeit – wie Schnellkochreis,
Couscous oder Fertigspätzle. Auch hilfreich: vorgegarter Rotkohl
und vorgegartes Sauerkraut – beides muss man nur noch würzen.

5 KLEIN UND WÜRZIG

Gemüse, vor allem Kartoffeln, in kleine Stücke schneiden, die garen schneller. Gemüse meist in Brühe dünsten. Kartoffeln am besten in mild gesalzenem Wasser garen – gern auch mit 1 Lorbeerblatt, 1 getr. Chilischote und 1 halbierten Knoblauchzehe –, dann haben sie gleich einen guten Geschmack und sind schon fertig als Beilage, zum Braten oder für Kartoffelpüree.

6 TEIGE „TO GO"

Heute finden Sie im Supermarkt eine Reihe qualitativ hochwertiger Fertigteige wie Blätterteig, Flammkuchen- oder Pizzateig.

7 AUF VORRAT MIXEN

vinaigrettes, Dressings oder Pestos lassen sich gleich in größerer Menge zubereiten und im Kühlschrank aufbewahren. Auch Saucen wie die Paprikasauce (siehe S. 102) oder Möhren-Ingwer-Suppe (siehe S. 50) können Sie in doppelter Menge herstellen und im Tiefkühlfach aufbewahren.

8 STROM UND ZEIT SPAREN

Wer keinen Küchenherd mit Induktion oder Gas hat, ist schneller (und stromsparender) am Ziel, wenn er größere Wassermengen im Wasserkocher erhitzt.

9 CLEVER KOCHEN

Suppen für den Vorrat kochend heiß möglichst randvoll in Twist-off-Gläser füllen, diese auf den Kopf stellen und vollständig abkühlen lassen. So können Sie die Suppe im Kühlschrank 4 bis 5 Tage aufbewahren. Auch Nudeln (siehe S. 11) oder Kartoffeln lassen sich gut vorgaren.

10 TIMING IST ALLES

Tiefgekühlten Fisch oder tiefgekühltes Fleisch bereits am Vorabend zum Auftauen in den Kühlschrank legen. Dann sind sie am nächsten Tag sofort einsatzbereit.

Lebensmittel aus dem Vorrat

Gefüllte Vorratskammern und Kühlschränke – wer alle Zutaten rasch zur Hand hat, kann jederzeit ein schnelles Essen zaubern. Alle Rezepte kommen mit maximal 6 frisch gekauften Zutaten aus, sofern die Vorräte auf der Liste vorhanden sind. Planen Sie am besten alle 14 Tage einen Großeinkauf für Grundzutaten und kaufen Sie frische Zutaten nach Bedarf.

Haltbare Grundzutaten

LAGERFÄHIGES OBST, GEMÜSE, NÜSSE
- unbehandelte Zitrone, Limette oder Orange
- getr. Soft-Aprikosen
- (rote) Zwiebeln
- Knoblauch
- Ingwer
- (vorwiegend) festkochende Kartoffeln
- Nüsse (Walnusskerne), Mandelblättchen, Pinien-, Kürbis- oder Sonnenblumenkerne
- Mohnsamen, Chia-Samen
- getr. Chilischoten

AUS DOSE ODER GLAS

- vorgegarte Kichererbsen
- vorgegarte Kidneybohnen
- geschälte, stückige und passierte Tomaten (am besten je 2 große Dosen)
- Tomatenmark
- vorgegarter Thunfisch (in Lake oder Öl)
- Kokosmilch
- Kalamata-Oliven, schwarze Oliven
- getr. Tomaten (in Öl)
- Rotwein, Weißwein
- brauner Rum
- Kaffeepulver
- Kakaopulver
- Sojasauce
- rote Thai-Currypaste

TROCKENPRODUKTE

- kleine Nudelauswahl (kurze und lange Nudeln, z. B. Makkaroni, Farfalle, Spaghetti)
- Glasnudeln
- Langkornreis
- Rundkornreis (Risottoreis, z. B. Vialone nano)
- Instant-Polenta (Maisgrieß)
- Bulgur
- (Instant-)Couscous
- Zucker und Puderzucker
- Vanillezucker
- Honig und Ahornsirup
- Mehl
- doppelgriffiges Mehl (Instant- oder Spätzlemehl)
- Speisestärke
- Backpulver
- Natron
- Vanillepuddingpulver
- Gelatineblätter
- Toastbrot
- Weißbrotbrösel

Falls Sie Zutaten, die Sie eigentlich immer im Vorrat haben, mal in größeren Mengen benötigen, haben wir diese trotzdem unter „Frisch gekauft" aufgeführt.

Zum Würzen und Verfeinern

TROCKENPRODUKTE

- Salz
- Pfeffer aus der Mühle
- Gemüse- und Hühnerbrühpulver zum Anrühren
- mildes Currypulver
- mildes Chilisalz
- ganzer und gemahlener Kümmel
- Muskatnuss zum Reiben
- Bratkartoffelgewürz
- Frühstücksquarkgewürz
- Räucherpaprikapulver (Pimentón de la Vera picante)
- milde Chiliflocken
- Zimtpulver/Zimtrinde
- gem. Kardamom
- Vanilleschote
- Lorbeerblatt
- getr. Majoran
- getr. Bohnenkraut
- getr. italien. Kräuter

VOM FENSTERBRETT

- Petersilie
- Rosmarin
- Basilikum
- Dill
- persönliche Lieblingskräuter

ÖL & ESSIG:

- mildes Olivenöl
- neutrales Öl
- Weißweinessig
- Balsamico bianco

Kühl gelagert

AUS DEM KÜHLSCHRANK

- Eier
- Butter
- braune Butter (selbst gemacht; siehe unten)
- 1 Becher Sahne (200 g)
- Milch
- Dijon-Senf bzw. scharfer Senf
- Kapern/Kapernäpfel
- Sardellen
- Parmesan
- Sahne- oder Tafelmeerrettich

TIEFKÜHLFACH

- Eiswürfel
- geschnittene Kräuter wie Dill, Petersilie oder Schnittlauch
- Erbsen
- grüne Bohnen
- Zitronengras
- Kaffir-Limettenblätter
- Himbeeren, Blaubeeren und/oder Beerenmischung
- Vanilleeis

TIPP *Braune Butter, auch Nussbutter genannt, können Sie leicht selbst herstellen: einfach die gewünschte Menge Butter in einem kleinen Topf bei mittlerer Hitze langsam erwärmen, bis sie goldbraun ist und ein nussiges Aroma hat. Durch ein mit Küchenpapier ausgelegtes Sieb gießen und abkühlen lassen. Zugedeckt hält sich braune Butter im Kühlschrank mehrere Wochen – sie wird dabei fest wie Butterschmalz, kann aber jederzeit durch Erwärmen wieder verflüssigt werden.*

KAPITEL 2

Salate & Snacks

Knackige Salate,
würzige Aufstriche,
Flammkuchen und Omelett
zum Sattwerden –
einfach loslegen!

Petersiliensalat mit Bulgur „Tabouleh"

10 MIN. ZUBEREITUNG   **10** MIN. GARZEIT

Zutaten

FÜR 4 PERSONEN

FRISCH GEKAUFT

3 Tomaten

3 Bund Petersilie (ca. 200 g Blätter,
mit feinen Stielen)

15 g Minzeblätter

AUS DEM VORRAT

150 g Bulgur (fein oder mittel)

¼ l Gemüsebrühe

1 rote Zwiebel

4 EL Zitronensaft

6 EL mildes Olivenöl

mildes Chilisalz

Zucker

3 EL Pinienkerne

1 Den Bulgur in einem Sieb so lange gründlich mit kaltem Wasser abbrausen, bis dieses klar bleibt. Mit der Brühe einmal aufkochen, mit einem Blatt Backpapier bedecken und knapp unter dem Siedepunkt etwa 10 Minuten garen.

2 Inzwischen Tomaten waschen und in ½ bis 1 cm große Würfel schneiden, dabei die Stielansätze entfernen. Die Zwiebel schälen und in feine Würfel schneiden. Die Petersilienblätter waschen, trocken tupfen und fein schneiden.

3 Die Minze ebenfalls waschen, trocken tupfen und in feine Streifen schneiden. Minze mit Zitronensaft und Olivenöl verrühren, mit Chilisalz und Zucker würzen.

4 Bulgur in einem Sieb abtropfen lassen, mit Tomaten, Zwiebel und Petersilie mischen und das Dressing unterheben. Etwas ziehen lassen, zum Servieren abschmecken.

5 Währenddessen die Pinienkerne in einer Pfanne ohne Fett hell rösten, herausnehmen. Den Salat auf Teller verteilen und mit den Pinienkernen bestreut servieren.

TIPP *Am besten gleich mehr Pinienkerne rösten und in einem Schraubglas kühl und trocken aufbewahren. So halten sie sich mehrere Tage. Sie können den Salat statt mit Bulgur auch gut mit ½ Rezept Couscous (siehe S. 89) zubereiten.*

Griechischer Nudelsalat

10 MIN. ZUBEREITUNG **10** MIN. GARZEIT

Zutaten

FÜR 4 PERSONEN

FRISCH GEKAUFT

400 g Kritharaki (Risoni; Nudeln in Reisform)

200 g Cocktailtomaten

je ½ rote und grüne Paprikaschote

200 g Feta (Schafskäse; ersatzweise anderer
Salzlakenkäse)

AUS DEM VORRAT

3 Scheiben Ingwer

2 kleine getr. Chilischoten

Salz · ½ rote Zwiebel

2 EL Kalamata-Oliven (ohne Stein)

2 EL Weißweinessig

2 EL mildes Olivenöl

½ TL abgeriebene unbehandelte Orangenschale

mildes Chilisalz · Pfeffer aus der Mühle · Zucker

je 1–2 EL Petersilienblätter und Dillspitzen
(frisch geschnitten oder tiefgekühlt)

1 Die Kritharaki mit Ingwer und Chilischoten in reichlich kochendem Salzwasser 8 bis 10 Minuten bissfest garen. In ein Sieb abgießen und gut abtropfen lassen, Ingwer und Chili wieder entfernen.

2 Inzwischen die Tomaten waschen und vierteln. Die Zwiebel schälen und in feine Würfel schneiden. Die Paprikaschoten entkernen, waschen und in ½ bis 1 cm große Stücke schneiden. Die Oliven vierteln.

3 Für die Vinaigrette in einer Salatschüssel 50 ml Wasser mit Essig, Olivenöl und Orangenschale verrühren und mit Chilisalz, Pfeffer und 1 Prise Zucker würzen. Die Kritharaki mit Gemüse, Oliven und Kräutern zur Vinaigrette geben und gründlich untermischen.

4 Zum Servieren den Salat auf Tellern anrichten, den Feta zerbröckeln und darüberstreuen.

TIPP *Sie können den Nudelsalat sofort servieren – er schmeckt aber am besten, wenn er einige Stunden durchziehen konnte. Statt Kritharaki eignen sich auch Mini-Nudeln (wie Pennette oder Gnocchi sardi) – je nachdem, was man leicht bekommt oder zu Hause hat. Anstelle von Orangenschale können Sie auch unbehandelte Limetten- oder Zitronenschale für die Vinaigrette verwenden.*

Hähnchensalat mit Buttermilchdressing

10 MIN. ZUBEREITUNG   **5** MIN. GARZEIT

Zutaten
FÜR 4 PERSONEN

FRISCH GEKAUFT

6 EL Buttermilch

2–3 EL gemischte Kräuterblätter
(z. B. Basilikum, Dill, Kerbel, Petersilie,
Schnittlauch; frisch geschnitten)

4 Hähnchenbrustfilets (à ca. 120 g; ohne Haut)

1 EL Brathähnchengewürz

350 g gemischter Blattsalat
(z. B. Chicorée, Radicchio, Romana, Rucola)

AUS DEM VORRAT

50 ml Gemüsebrühe · 2–3 EL Weißweinessig

1 TL scharfer Senf · 5 EL mildes Olivenöl

mildes Chilisalz · Zucker

½ TL Öl · 5 EL braune Butter (siehe S. 19)

1 Für das Dressing die Brühe mit Buttermilch, Essig und Senf in einem hohen Rührbecher mixen. Anschließend weitermixen und dabei das Olivenöl hineinlaufen lassen. Die Kräuter untermischen und das Dressing mit Chilisalz und 1 Prise Zucker würzen.

2 Die Hähnchenbrustfilets waschen, trocken tupfen und schräg in 4 bis 5 Stücke schneiden. Eine große Pfanne bei mittlerer Temperatur erhitzen, das Öl darin verstreichen und die Hähnchenstücke unter Wenden etwa 4 Minuten saftig durchbraten.

3 Die Pfanne vom Herd nehmen, die braune Butter hinzufügen, das Brathähnchengewürz darüberstreuen und alles mit Chilisalz würzen. Die Hähnchenstücke in der Würzbutter wenden, warm halten.

4 Die Salatblätter waschen, trocken schleudern und mit dem Dressing mischen. Den Salat auf Teller verteilen und die Hähnchenstreifen darauf anrichten.

Regensburger Wurstsalat

15 MIN. ZUBEREITUNG **5** MIN. ZIEHZEIT

Zutaten

FÜR 4 PERSONEN

FRISCH GEKAUFT

8 Regensburger Würste
(ersatzweise 500 g Lyoner, Stadtwurst
oder andere Fleischwurst)

5 Radieschen

AUS DEM VORRAT

1 rote Zwiebel · 2 EL Weißweinessig

2 EL Öl · Salz · Pfeffer aus der Mühle

Zucker · milde Chiliflocken

1 EL Schnittlauchröllchen
(frisch geschnitten oder tiefgekühlt)

1 Die Regensburger Würste häuten und in dünne Scheiben schneiden. Die Zwiebel schälen und in feine Würfel schneiden. Die Radieschen putzen, waschen und mit einem Messer in dünne Scheiben schneiden oder auf der Gemüsereibe dünn hobeln.

2 Für die Vinaigrette 200 ml Wasser, Essig und Öl in einer Salatschüssel gründlich verrühren und mit Salz, Pfeffer, Zucker und 1 Prise Chiliflocken kräftig würzen.

3 Wurstscheiben, Zwiebelwürfel und Radieschenscheiben unter die Vinaigrette mischen und den Salat noch etwa 5 Minuten ziehen lassen.

4 Zum Servieren den Salat nochmals abschmecken. Den Wurstsalat auf Teller verteilen und mit den Schnittlauchröllchen bestreuen.

Kichererbsensalat mit Thunfisch

10 MIN. ZUBEREITUNG **5** MIN. GARZEIT

1 Kichererbsen und Kidneybohnen in ein Sieb abgießen, kalt abbrausen und abtropfen lassen, in eine große Salatschüssel geben. Frühlingszwiebeln putzen, waschen und in 3 bis 4 mm dünne Ringe schneiden. Von den Kapernäpfeln Stiele entfernen, Kapernäpfel in Scheiben schneiden.

2 Frühlingszwiebeln und Kapernäpfel in die Salatschüssel geben. Alles mit Essig und Olivenöl mischen, mit Chilisalz, Pfeffer und 1 Prise Zucker würzen. Etwas ziehen lassen.

3 Inzwischen das Toastbrot in 1 ½ bis 2 cm große Würfel schneiden. Die Butter in einer Pfanne zerlassen und die Brotwürfel darin bei mittlerer Hitze goldbraun und knusprig rösten, herausnehmen und leicht mit Salz würzen. Den Thunfisch in ein Sieb abgießen und abtropfen lassen.

4 Den Salat auf Teller verteilen, den Thunfisch in kleine Stücke pflücken und mit den Croûtons darauf anrichten.

VARIANTE *Sie können auch eine Basisvinaigrette verwenden: Dafür 80 ml Gemüsebrühe mit 2 EL Weißweinessig (ersatzweise 1–2 EL Zitronensaft), 1 TL Dijon-Senf, 1 EL Öl und 1 EL mildem Olivenöl verrühren. Die Vinaigrette mit mildem Chilisalz und 1 Prise Zucker würzen. Passt zu Blattsalaten (ca. 300 g), Tomaten- und Nudelsalat. Wichtig: Salate kurz vor dem Servieren immer nochmals abschmecken!*

Zutaten

FÜR 4 PERSONEN

FRISCH GEKAUFT

4 Frühlingszwiebeln

AUS DEM VORRAT

450 g gegarte Kichererbsen
(aus der Dose)

150 g gegarte Kidneybohnen
(aus der Dose)

1 EL Kapernäpfel

2–3 EL Weißweinessig

2 EL mildes Olivenöl

mildes Chilisalz

Pfeffer aus der Mühle

Zucker

75 g Toastbrot
(oder ein anderes Weißbrot)

1 EL Butter · Salz

750 g Thunfisch (aus der Dose)

Rote-Bete-Salat mit Räucherforelle

10 MIN. ZUBEREITUNG   **5** MIN. ZIEHZEIT

Zutaten

FÜR 4 PERSONEN

FRISCH GEKAUFT

70 ml Holunderblütensirup

600 g gegarte Rote Beten (vakuumverpackt)

200 g griech. Joghurt (10 % Fett)

4 Räucherforellenfilets (à ca. 80 g; ohne Haut)

AUS DEM VORRAT

1–2 TL Speisestärke

50 ml Balsamico bianco

mildes Chilisalz

Zucker

5 EL mildes Olivenöl

80 g getr. Soft-Aprikosen

1–2 EL Sahnemeerrettich (aus dem Glas)

2–3 EL Milch

1 Msp. abgeriebene unbehandelte Orangenschale

Pfeffer aus der Mühle

1 Für die Marinade die Speisestärke mit wenig kaltem Wasser glatt rühren. In einem Topf ¼ l Wasser aufkochen, die angerührte Speisestärke in das Wasser geben und köcheln lassen, bis es sämig bindet. Vom Herd nehmen und die Stärkemischung mit Essig, Holunderblütensirup, Chilisalz, 1 Prise Zucker und Olivenöl verrühren.

2 Die Roten Beten in etwa 1 cm große Würfel schneiden (dabei am besten Einweghandschuhe tragen), die Aprikosen in kleine Würfel schneiden und beides in der Marinade etwa 5 Minuten ziehen lassen. Inzwischen Joghurt, Sahnemeerrettich und Milch glatt rühren. Orangenschale untermischen und alles mit Chilisalz und 1 Prise Zucker würzen.

3 Zum Servieren die Rote-Bete-Würfel und Aprikosen abtropfen lassen und auf Teller verteilen. Die Räucherforellenfilets entgräten. Den Meerrettichjoghurt um Rote-Bete-Würfel und Aprikosen herumträufeln, die Forellenfilets jeweils in etwa 5 Stücke teilen und danebensetzen. Mit etwas Pfeffer bestreut servieren und nach Belieben mit Gartenkresse garnieren.

TIPP *Die Rote-Bete- und Aprikosenwürfel können Sie schon am Vorabend vorbereiten, dann ziehen sie besser durch. Dazu am besten abgedeckt in den Kühlschrank stellen und vor dem Servieren leicht erwärmen.*

3 auf einen Streich

Egal, ob als Dip für Gemüse oder als Brot-
aufstrich – die drei Rezepte stehen im Hand-
umdrehen auf dem Tisch und lassen sich auch
gut gleich in doppelter Menge herstellen.

Hummus

ZUBEREITUNG Kichererbsen in einem Sieb kalt abbrausen und abtropfen lassen. In Wasser etwa 15 Minuten
noch weicher garen. In ein Sieb abgießen, abschrecken
und abtropfen lassen. Inzwischen Eiswürfel etwas antauen lassen und zerstoßen. Kichererbsen im Blitzhacker
grob pürieren, dabei so viele Eiswürfel dazugeben und so
lange mixen, bis eine cremige Paste entstanden ist (Tau-
wasser der Eiswürfel ebenfalls verwenden). Zitronensaft
mit Salz verrühren und untermixen, Tahin untermischen.
Mit Olivenöl beträufeln und mit Sesam bestreuen.

VARIANTEN
- 30 g Frischkäse (Doppelrahmstufe) unterrühren.
- Mit je 1 Msp. fein geriebenem Knoblauch oder Ingwer,
  Chiliflocken, gem. Kardamom oder Kreuzkümmel würzen.
- Mandel- oder Erdnussmus statt Tahin verwenden und
  1 EL Naturjoghurt hinzufügen.

FRISCH GEKAUFT 2 EL helles Tahin (Sesampaste) · geröstete schwarze und weiße Sesamsamen zum Bestreuen
AUS DEM VORRAT 170 g gegarte Kichererbsen (aus dem
Glas) · 3–4 Eiswürfel · 1 TL Zitronensaft · ½ TL Salz · 2–3 EL
mildes Olivenöl zum Beträufeln

FÜR 4 PERSONEN / 20 MIN. ZUBEREITUNG

Radieschenquark

ZUBEREITUNG Eier in kochendem Wasser 10 Minuten hart kochen. Kalt abschrecken, pellen und klein würfeln. Den Quark mit Olivenöl und Senf glatt rühren, mit Schnittlauch, Zitronenschale, Chilisalz, Pfeffer, Knoblauch und Ingwer würzen. Gurke waschen und in etwa ½ cm große Würfel schneiden oder grob raspeln. Radieschen putzen, waschen und in kleine Würfel schneiden oder in Streifen hobeln. Eier, Gurke und Radieschen unter den Quark rühren, noch etwa 10 Minuten ziehen lassen. Zum Servieren nach Belieben mit Paprikapulver bestreuen. Der Quark passt als Dip zu Kartoffeln oder Brotaufstrich.

FRISCH GEKAUFT 250 g Magerquark · 70 g Salatgurke · 5 Radieschen

AUS DEM VORRAT 2 Eier · 2 EL mildes Olivenöl · ½–1 TL Dijon-Senf · 1–2 EL Schnittlauchröllchen (frisch oder tiefgekühlt) · 1 Msp. abgeriebene unbehandelte Zitronenschale · mildes Chilisalz · Pfeffer aus der Mühle · je 1–2 Msp. fein geriebener Knoblauch und Ingwer

FÜR 4 PERSONEN / 15 MIN. ZUBEREITUNG + 10 MIN. ZIEHZEIT

Pestofrischkäse

ZUBEREITUNG Den Frischkäse mit dem Pesto verrühren und mit Chilisalz und Pfeffer würzen.

FRISCH GEKAUFT 200 g Frischkäse (Doppelrahmstufe) · 2 EL Basilikumpesto (Fertigprodukt oder selbst gemacht; siehe S. 69)

AUS DEM VORRAT mildes Chilisalz · Pfeffer aus der Mühle

FÜR 4 PERSONEN / 5 MIN. ZUBEREITUNG

Schnelle Buttermilchbrötchen

10 MIN. ZUBEREITUNG   **40** MIN. BACKZEIT

Zutaten

FÜR 8 STÜCK

FRISCH GEKAUFT

2 TL Brotgewürz (nach Belieben orientalisches Brotgewürz)

300 g Buttermilch

AUS DEM VORRAT

350 g Mehl

2 TL Backpulver oder 1 TL Natron

1 geh. TL Salz (10 g)

Zucker

Mehl zum Arbeiten

1–2 EL ganzer Kümmel oder Mohnsamen oder 2 EL Kürbis- oder Sonnenblumenkerne

1 Den Backofen auf 180 °C vorheizen. Ein Backblech mit Backpapier belegen. Das Mehl mit Backpulver oder Natron, Salz, 1 Prise Zucker und dem Brotgewürz in einer Schüssel mischen. Die Buttermilch hinzufügen und alles rasch zu einem weichen Teig verkneten.

2 Den Teig in 8 Portionen teilen und mit den Händen auf der leicht bemehlten Arbeitsfläche zu runden Brötchen formen. Nebeneinander mit der Naht nach unten auf das Backblech setzen. Mit Wasser bestreichen und nach Belieben mit Kümmel, Mohnsamen, Kürbis- oder Sonnenblumenkernen bestreuen.

3 Die Brötchen im Ofen auf der unteren Schiene 30 bis 40 Minuten goldbraun backen. Herausnehmen und vor dem Servieren kurz abkühlen lassen.

TIPP *Den Teig am besten sofort zu Brötchen verarbeiten und backen. Mit Backpulver backen die Brötchen innen etwas kompakter und bekommen außen eine schöne Kruste. Natron lockert das Gebäck gut, verleiht ihm aber einen speziellen Nachgeschmack, der auch im abgekühlten Zustand erhalten bleibt. Die Kruste bildet sich außerdem nicht so stark aus und wird nach einiger Zeit wieder weich.*
Nach Belieben können Sie auch max. 1 EL ganzen Kümmel oder je 2 EL Nusskerne oder Samen unter den Teig mischen.

Brötchen mit Avocado und Blumenkohl

15 MIN. ZUBEREITUNG **10** MIN. GARZEIT

Zutaten
FÜR 4 PERSONEN

FRISCH GEKAUFT

150 g Frischkäse (Doppelrahmstufe)

400 g Blumenkohlröschen

2 reife Avocados

4 Vollkornbrötchen

AUS DEM VORRAT

1 TL mildes Currypulver

abgeriebene Schale und Saft
von ½ unbehandelten Limette

mildes Chilisalz

Zucker

2 TL Öl

1 Frischkäse mit Curry und Limettenschale glatt rühren und mit Chilisalz und 1 Prise Zucker würzen.

2 Die Blumenkohlröschen waschen und durch den Strunk in etwa ½ cm dicke Scheiben schneiden. Eine Pfanne bei mittlerer Temperatur erhitzen. Jeweils 1 TL Öl darin verstreichen und den Blumenkohl in zwei Portionen auf beiden Seiten je etwa 2 ½ Minuten anbraten, nach Bedarf noch Öl dazugeben. Herausnehmen, mit Chilisalz würzen.

3 Inzwischen die Avocados halbieren und jeweils den Stein entfernen, die Hälften schälen, in etwa ½ cm dicke Scheiben schneiden und sofort mit Limettensaft beträufeln, damit sie sich nicht bräunlich verfärben.

4 Die Vollkornbrötchen jeweils quer halbieren und in einer Pfanne ohne Fett bei mittlerer Hitze auf beiden Seiten leicht anrösten. Je 2 Brötchenhälften auf Teller verteilen, mit dem Curryfrischkäse bestreichen und mit Blumenkohl und Avocado belegen. Mit Chilisalz würzen.

TIPP *Dieser Aufstrich kann die Thunfischsauce der Roastbeefbrote (siehe S. 36) ersetzen. Und man kann damit eine schnelle Pasta kochen: vorgegarte Nudeln für 4 Personen in etwas Brühe erhitzen, Aufstrich unterrühren und mit frischen Kräutern (z. B. Petersilie, Basilikum) bestreut servieren.*

Roastbeefbrote mit Thunfisch und Ei

10
MIN. ZUBEREITUNG

10
MIN. GARZEIT

Zutaten

FÜR 4 PERSONEN

FRISCH GEKAUFT

100 g Frischkäse (Doppelrahmstufe)

4 Scheiben Krustenbrot

400 g gegartes, abgekühltes Roastbeef
(in dünnen Scheiben)

AUS DEM VORRAT

4 Eier · 4 EL Milch

200 g Thunfisch (in Lake)

je 1 Msp. fein geriebener Knoblauch und Ingwer

15 g Kapern · 15 g Sardellen

1 TL Dijon-Senf

1 Msp. abgeriebene unbehandelte
Zitronenschale

2–3 EL mildes Olivenöl · mildes Chilisalz

1–2 EL Kapernäpfel zum Garnieren

Pfeffer aus der Mühle

1 Die Eier in kochendem Wasser etwa 10 Minuten hart kochen, abgießen und kalt abschrecken. Anschließend die Eier pellen und vierteln.

2 Für die Thunfischsauce Frischkäse mit Milch, Thunfisch samt Lake, Knoblauch, Ingwer, Kapern, Sardellen, Senf und Zitronenschale in einem hohen Rührbecher mit dem Stabmixer fein pürieren. Zuletzt das Olivenöl untermixen und die Sauce mit Chilisalz würzen.

3 Die Brotscheiben auf Teller verteilen und in der Mitte mit der Thunfischsauce beträufeln. Mit den Roastbeefscheiben belegen, Eier und Kapernäpfel darauf verteilen und alles mit Chilisalz und Pfeffer würzen.

TIPP *Die Thunfischsauce hat zunächst eine dickflüssige Konsistenz. Sie wird zum streichfähigen Aufstrich, wenn man sie einige Stunden in den Kühlschrank stellt.*

Flammkuchen mit Zwiebeln und Speck

10 MIN. ZUBEREITUNG   **20** MIN. BACKZEIT

1 Den Backofen auf 250 °C vorheizen. Ein Backblech mit Öl einfetten und den Teig darauf auslegen. Den Schmand mit Zatar, Chilisalz und etwas Muskatnuss glatt rühren und den Teig damit gleichmäßig bestreichen.

2 Die Zwiebeln schälen, in dünne Streifen schneiden und salzen. Den Speck in etwa 1 cm breite Streifen schneiden und mit den Zwiebeln gleichmäßig auf dem Schmand verteilen. Dabei einen Rand von etwa 2 cm frei lassen.

3 Den Flammkuchen im Backofen auf der unteren Schiene 15 bis 20 Minuten backen. Aus dem Ofen nehmen und sofort servieren.

VARIANTE *Für eine schnelle Tomatenpizza den Teig wie beschrieben auf dem Blech auslegen. 350 g pürierte Tomaten (aus der Dose) mit 1 fein geriebenen Knoblauchzehe, 1 Msp. fein geriebenem Ingwer und ½ TL getr. italien. Kräutern erhitzen, mit Chilisalz und 1 Prise Zucker würzen und knapp unter dem Siedepunkt wenige Minuten garen. Die Tomatensauce auf dem Teig verteilen und mit 200 g geriebenem Käse bestreuen. Die Pizza im Ofen auf der unteren Schiene 15 bis 20 Minuten backen. Herausnehmen und zum Servieren nach Belieben mit Rucola bestreuen und mit etwas mildem Olivenöl beträufeln.*

Zutaten

FÜR 1 BLECH (4 PERSONEN)

FRISCH GEKAUFT

1 Packung Flammkuchenteig
(aus dem Kühlregal; ersatzweise Pizzateig)

300 g Schmand

1 TL Zatar (arab. Gewürzmischung;
ersatzweise getr. Bohnenkraut)

250 g Frühstücksspeck (in Scheiben)

AUS DEM VORRAT

Öl für das Blech

mildes Chilisalz

frisch geriebene Muskatnuss

2–3 Zwiebeln

Salz

Omelett mit Tomate und Mozzarella

15 MIN. ZUBEREITUNG **5** MIN. GARZEIT

Zutaten

FÜR 2 PERSONEN

FRISCH GEKAUFT

50 g kleine feste Champignons

1 Tomate

10 Mini-Mozzarellakugeln (ca. 75 g)
oder ½ Mozzarellakugel (ca. 65 g)

AUS DEM VORRAT

4 Eier

4 EL Milch

ca. 1 TL Öl

Salz

mildes Chilisalz

1 Den Backofengrill vorheizen. Die Champignons putzen, trocken abreiben und in etwa ½ cm dicke Scheiben schneiden. Die Tomate waschen und in Scheiben schneiden, dabei den Stielansatz entfernen. Die Mozzarellakugeln halbieren (die ganze Kugel in kleine Stücke schneiden). Die Eier mit der Milch in einem hohen Rührbecher verquirlen.

2 Eine große ofenfeste Pfanne (ca. 28 cm Durchmesser) bei mittlerer Temperatur erhitzen und das Öl darin verstreichen. Die Pilze kurz unter Rühren andünsten und mit Salz würzen. Die Eiermischung in die Pfanne dazugießen und die Tomaten- und Mozzarellastücke darauf verteilen.

3 Das Omelett etwa ½ Minute anbacken, dann im Ofen auf der unteren Schiene noch 2 bis 3 Minuten garen, bis es leicht aufgegangen ist (souffliert). Aus dem Ofen nehmen, vierteln oder halbieren und auf Teller setzen, mit Chilisalz bestreut servieren.

TIPP *Gut abgekühlt und verpackt, lässt sich das Omelett übrigens prima für unterwegs oder ins Büro mitnehmen.*

KAPITEL 3

Suppen & 1-Topf-Gerichte

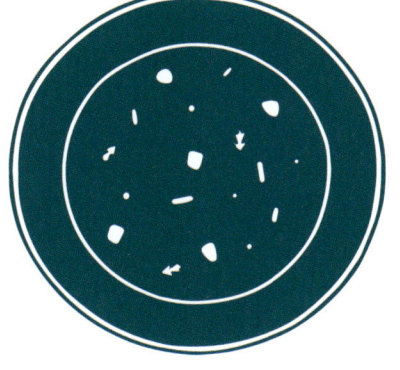

*Für den kleinen Hunger
oder als Auftakt eines Menüs –
diese Rezepte sind fix gegart
und blitzschnell fertig.*

Süßkartoffelsuppe mit Kokosmilch

10 MIN. ZUBEREITUNG   **20** MIN. GARZEIT

Zutaten

FÜR 4 PERSONEN

FRISCH GEKAUFT

600 g Süßkartoffeln

2–3 TL indische Currypaste
(ersatzweise mildes Currypulver;
siehe Tipp)

AUS DEM VORRAT

700 ml Gemüsebrühe
(ersatzweise Hühnerbrühe)

150 g Sahne · 150 g Kokosmilch

40 g kalte Butter · Salz

1 Die Süßkartoffeln schälen, waschen und in etwa 1 cm große Würfel schneiden. Die Süßkartoffelwürfel in einem Topf in der Brühe knapp unter dem Siedepunkt etwa 20 Minuten weich garen.

2 Dann die Sahne und die Kokosmilch dazugießen, die Currypaste hinzufügen und alles im Topf mit dem Stabmixer fein pürieren. Zuletzt die kalte Butter in Flöckchen untermixen und die Suppe mit Salz abschmecken. In tiefen Tellern servieren.

TIPP *Falls Sie keine Currypaste bekommen, können Sie die Suppe auch mit mildem Currypulver würzen.*

Brotsuppe mit Speck

10 MIN. ZUBEREITUNG **5** MIN. GARZEIT

Zutaten

FÜR 4 PERSONEN

FRISCH GEKAUFT

100 g Mischbrot (frisch oder vom Vortag)

100 g Frühstücksspeck (in dünnen Scheiben)

AUS DEM VORRAT

800 ml Hühnerbrühe
(ersatzweise Gemüsebrühe)

200 g Sahne

1 EL Bratkartoffelgewürz
(ersatzweise gemahlener Kümmel und
getr. Majoran)

1 fein geriebene Knoblauchzehe

½ TL fein geriebener Ingwer

1 Msp. abgeriebene unbehandelte
Zitronenschale

mildes Chilisalz

1 Das Brot erst in dünne Scheiben und dann in 1 bis 2 cm große Stücke schneiden. Das Brot in einem Topf in der Brühe erhitzen und knapp unter dem Siedepunkt 2 bis 3 Minuten garen.

2 Dann Sahne, Bratkartoffelgewürz, Knoblauch, Ingwer und Zitronenschale hinzufügen und alles im Topf mit dem Stabmixer sämig pürieren. Die Suppe mit Chilisalz abschmecken und warm halten.

3 Den Speck in etwa ½ cm breite Streifen schneiden und in einer Pfanne ohne Fett bei mittlerer Hitze wenige Minuten braten. Herausnehmen und auf Küchenpapier abtropfen lassen.

4 Die Brotsuppe auf tiefe Teller verteilen und mit Speck bestreut servieren.

TIPP *Anstelle von Speck können Sie die Suppe auch mit Kochschinken, Wiener Würstchen oder Räucherlachs variieren. Brotsuppe ist eine gute Möglichkeit, um alt gewordenes Brot noch sinnvoll zu verarbeiten. Die Suppe schmeckt jedoch frisch am besten.*

Couscous-Suppe mit Lauch und Pilzen

10
MIN. ZUBEREITUNG

15
MIN. GARZEIT

---

1 Den Couscous in einem Topf mit 1,2 l Brühe mischen und Knoblauch sowie Ingwer dazugeben. Alles erhitzen und knapp unter dem Siedepunkt 10 Minuten ziehen lassen.

2 Inzwischen den Lauch putzen, längs halbieren, waschen und in dünne Streifen schneiden. Die Champignons putzen, trocken abreiben und vierteln.

3 Den Couscous in ein Sieb abgießen, dabei die Suppe auffangen und wieder in den Topf geben. Zwei Drittel des Couscous mit Knoblauch und Ingwer ebenfalls wieder in die Suppe geben.

4 Ras el-Hanout unterrühren, Sahne hinzufügen und alles im Topf mit dem Stabmixer fein pürieren. Die Suppe mit Zitronenschale und Chilisalz abschmecken, den restlichen Couscous untermischen, warm halten.

5 Währenddessen in einer Pfanne den Lauch in der übrigen Brühe wenige Minuten weich dünsten. Die Pilze hinzufügen und 1 bis 2 Minuten mitgaren. Zuletzt die braune Butter und die Petersilie hinzufügen und alles mit Chilisalz und Muskatnuss würzen.

6 Zum Servieren die Suppe auf tiefe Teller verteilen und die Lauch-Champignon-Mischung daraufsetzen.

Zutaten
FÜR 4 PERSONEN

FRISCH GEKAUFT

100 g Lauch

100 g kleine feste Champignons

1 TL Ras el-Hanout
(marokkan. Gewürzmischung)

AUS DEM VORRAT

150 g feiner Couscous

1,25 l Gemüsebrühe
(ersatzweise Hühnerbrühe)

2 Knoblauchzehen (in Scheiben)

2 dünne Scheiben Ingwer

200 g Sahne

1 TL abgeriebene unbehandelte Zitronenschale

mildes Chilisalz

1 TL braune Butter (siehe S. 19)

1 TL Petersilienblätter
(frisch geschnitten oder tiefgekühlt)

frisch geriebene Muskatnuss

Italienische Gemüsesuppe all'arrabbiata

10 MIN. ZUBEREITUNG   **20** MIN. GARZEIT

Zutaten
FÜR 4 PERSONEN

FRISCH GEKAUFT

½ Fenchelknolle

2 Stangen Staudensellerie

2 kleine Möhren

½ Zucchini

1–2 EL Bruschetta-Gewürz

AUS DEM VORRAT

4 festkochende Kartoffeln

1 l Gemüsebrühe (ersatzweise Hühnerbrühe)

¼ TL milde Chiliflocken · Salz

2 EL geriebener Parmesan

2 EL mildes Olivenöl

1 Die Kartoffeln schälen, waschen und in etwa 1 cm große Würfel schneiden. Den Fenchel und den Sellerie putzen, waschen und beides in etwa 1 cm große Stücke schneiden. Die Möhren putzen, schälen, erst längs halbieren und dann schräg in etwa ½ cm dicke Scheiben schneiden. Die Zucchini putzen, waschen, längs vierteln und in ½ bis 1 cm dicke Scheiben schneiden.

2 Die Brühe mit Kartoffeln, Fenchel, Sellerie und Möhren in einem Topf erhitzen und alles knapp unter dem Siedepunkt etwa 15 Minuten garen. Dann die Zucchini dazugeben und die Suppe weitere 5 Minuten garen.

3 Das Bruschetta-Gewürz untermischen und die Suppe mit Chiliflocken und Salz würzen. Die Suppe auf tiefe Teller verteilen, zum Servieren mit Parmesan bestreuen und mit Olivenöl beträufeln.

TIPP *Wie bei fast allen Suppen lohnt es sich, von der Suppe gleich die doppelte Menge zuzubereiten – und entweder am nächsten Tag zu servieren oder für später in Twist-off-Gläsern im Kühlschrank aufzubewahren (siehe S. 15).*

Fix gekocht

... und noch fixer ausgelöffelt! Diese Last-minute-Suppen stehen superschnell auf dem Tisch und bieten Raum für allerlei Varianten und Toppings.

Möhren-Ingwer-Suppe

ZUBEREITUNG Möhren putzen, schälen und in dünne Scheiben schneiden. Zwiebel schälen und in feine Würfel schneiden. Tomate waschen und in kleine Würfel schneiden, dabei Stielansatz entfernen. Puderzucker in einem Topf bei schwacher Hitze hell karamellisieren und Möhren, Zwiebel und Tomate darin kurz andünsten. Brühe dazugießen, das Gemüse einmal aufkochen und knapp unter dem Siedepunkt etwa 20 Minuten garen. Inzwischen den Apfel schälen, entkernen und in kleine Würfel schneiden. Apfel, Ingwer, Knoblauch und Currypulver zur Suppe geben. Sahne und kalte Butter hinzufügen und alles im Topf mit dem Stabmixer fein pürieren.

FRISCH GEKAUFT 250 g Möhren · 1 Tomate · ¼ Apfel
AUS DEM VORRAT 1 Zwiebel · 1–2 TL Puderzucker ·
800 ml Gemüsebrühe (ersatzweise Hühnerbrühe) · 1 TL
fein geriebener Ingwer · 1 fein geriebene Knoblauchzehe ·
1 TL mildes Currypulver · 200 g Sahne · 1 EL kalte Butter

**FÜR 4 PERSONEN / 10 MIN. ZUBEREITUNG
+ 20 MIN. GARZEIT**

TIPP
Zu allen drei Suppen passen geröstete Würfel aus altbackenem Brot: dazu das Brot in Würfel schneiden und in einer Pfanne in wenig Butter bei schwacher Hitze goldbraun rösten.

Tomatensuppe

ZUBEREITUNG Zwiebel schälen und würfeln. Möhre putzen, schälen und klein schneiden. Beides in der Brühe knapp unter dem Siedepunkt 10 Minuten weich garen. Tomaten hinzufügen, weitere 5 Minuten ziehen lassen. Knoblauch und Ingwer hinzufügen, alles mit dem Stabmixer pürieren. Mit Chilisalz, etwas Zucker und 1 Prise Zimt oder Quarkgewürz würzen. Nach Belieben mit Basilikum und Croûtons (siehe Tipp) servieren.

FRISCH GEKAUFT 1 Möhre (ca. 75 g)
AUS DEM VORRAT 1 Zwiebel (ca. 150 g) · ½ l Gemüsebrühe (ersatzweise Hühnerbrühe) · 500 g stückige Tomaten (aus der Dose) · 1 Knoblauchzehe (in Scheiben) · 1 Msp. fein geriebener Ingwer · mildes Chilisalz · Zucker · frisch geriebene Zimtrinde oder Frühstücksquarkgewürz

FÜR 4 PERSONEN / 5 MIN. ZUBEREITUNG + 15 MIN. GARZEIT

Erbsensuppe mit Minze

ZUBEREITUNG Brühe in einem Topf erhitzen, die Erbsen hinzufügen und darin knapp unter dem Siedepunkt 3 bis 5 Minuten garen. Inzwischen Minze waschen, trocken tupfen und in feine Streifen schneiden. Sahne zu den Erbsen geben und alles mit dem Stabmixer fein pürieren. Die Suppe mit Chilisalz, 1 Prise Zucker und Muskatnuss abschmecken und zum Servieren mit Minze bestreuen.

FRISCH GEKAUFT 4 Minzeblätter
AUS DEM VORRAT 800 ml Gemüsebrühe · 300 g tiefgekühlte Erbsen (aufgetaut) · 200 g Sahne · mildes Chilisalz · Zucker · frisch geriebene Muskatnuss

FÜR 4 PERSONEN / 10 MIN. ZUBEREITUNG

Thailändischer Garnelen-Ein-Topf

15 MIN. ZUBEREITUNG **10** MIN. GARZEIT

Zutaten

FÜR 4 PERSONEN

FRISCH GEKAUFT

3 Kaffir-Limettenblätter

2 Stängel Zitronengras

150 g Zuckerschoten

1 rote Paprikaschote

300 g Riesengarnelen (geschält und entdarmt)

1–2 EL Koriandergrün
(mit Stielen; grob geschnitten oder ganz)

AUS DEM VORRAT

1–2 EL Speisestärke

400 ml Kokosmilch

½ l Hühnerbrühe (ersatzweise Gemüsebrühe)

3 TL rote Thai-Currypaste

2 Knoblauchzehen (in Scheiben)

5 Scheiben Ingwer · Salz

400 g vorgegarte Kichererbsen (aus der Dose)

1 Kaffir-Limettenblätter mehrmals einreißen. Vom Zitronengras die welken Außenblätter und die obere, trockene Hälfte entfernen, die untere Hälfte längs halbieren. Die Zuckerschoten putzen, waschen und schräg in etwa 1 cm breite Stücke schneiden. Die Paprika halbieren, entkernen, waschen und in etwa 1 cm große Stücke schneiden.

2 Die Speisestärke mit wenig kaltem Wasser glatt rühren. Kokosmilch und Brühe aufkochen, die angerührte Speisestärke in die Mischung geben und köcheln lassen, bis sie leicht sämig bindet. Alles noch 2 bis 3 Minuten köcheln lassen, die Currypaste unterrühren. Kaffir-Limettenblätter, Zitronengras, Knoblauch und Ingwer hinzufügen und alles erhitzen. Dann knapp unter dem Siedepunkt wenige Minuten ziehen, aber nicht kochen lassen. Durch ein Sieb gießen und wieder in den Topf geben, nach Bedarf mit etwas Salz würzen. Zuckerschoten und Paprika in der Suppe wenige Minuten bissfest gar ziehen lassen.

3 Inzwischen Garnelen waschen, trocken tupfen und in etwa 1 ½ cm große Stücke schneiden. Kichererbsen in ein Sieb abgießen, gut abbrausen und abtropfen lassen. Beides zur Suppe geben und darin knapp unter dem Siedepunkt etwa 3 Minuten garen, bis die Garnelen knackig durchgezogen sind. Zum Servieren den Eintopf nochmals abschmecken, auf tiefe Teller verteilen und mit Koriander bestreuen.

Indisches Blumenkohl-Curry

10 MIN. ZUBEREITUNG **15** MIN. GARZEIT

1 Den Blumenkohl putzen, waschen und in Röschen teilen, den Strunk schälen und in Scheiben schneiden. Den Blumenkohl in der Brühe knapp unter dem Siedepunkt etwa 10 Minuten noch leicht bissfest garen. Mit einem Schaumlöffel herausnehmen und beiseitestellen.

2 Kokosmilch, Curry, Knoblauch und Ingwer zur Blumenkohlbrühe geben und erhitzen. Die Speisestärke mit wenig kaltem Wasser glatt rühren, in die Suppe geben und köcheln lassen, bis sie sämig bindet. Dann alles noch 2 bis 3 Minuten köcheln lassen.

3 Die Currysuppe mit Chilisalz abschmecken und den Blumenkohl und die Erbsen darin wieder erwärmen. Zum Servieren das Blumenkohl-Curry auf tiefe Teller verteilen.

TIPP *Die Currysuppe bietet eine perfekte Basis für die schnelle Resteverwertung jeglicher Art – denn sie schmeckt mit Gemüse, Fisch, Garnelen oder Hähnchen.*

Zutaten
FÜR 4 PERSONEN

FRISCH GEKAUFT

500 g Blumenkohl

500 g Kokosmilch

AUS DEM VORRAT

500 ml Gemüsebrühe
(ersatzweise Hühnerbrühe)

1 EL mildes Currypulver

1–2 fein geriebene Knoblauchzehen

1 TL fein geriebener Ingwer

1–2 EL Speisestärke · mildes Chilisalz

200 g tiefgekühlte Erbsen (aufgetaut)

Glasnudel-Ein-Topf mit Pilzen und Spargel

15 MIN. ZUBEREITUNG   **15** MIN. GARZEIT

Zutaten

FÜR 4 PERSONEN

FRISCH GEKAUFT

250 g grüner Spargel

3 Frühlingszwiebeln

100 g Shiitake-Pilze (ersatzweise Champignons)

1 Stängel Zitronengras

2 Kaffir-Limettenblätter

1–2 TL Koriandergrün (grob geschnitten)

AUS DEM VORRAT

100 g Glasnudeln · Salz

1,6 l Gemüsebrühe (ersatzweise Hühnerbrühe)

2 Knoblauchzehen (in Scheiben)

5 Scheiben Ingwer (in feinen Streifen)

2 EL Sojasauce

mildes Chilisalz

1 Glasnudeln mit einer Schere in 2 bis 3 cm lange Stücke schneiden und in warmem Wasser mindestens 10 Minuten einweichen. Währenddessen den Spargel waschen, im unteren Drittel schälen und holzige Enden entfernen. Spargelköpfe abschneiden und beiseitelegen, die Stangen längs halbieren und schräg in etwa 3 cm lange Stücke schneiden.

2 Frühlingszwiebeln putzen, waschen und in 3 bis 4 mm dünne Ringe schneiden. Shiitake-Pilze putzen, trocken abreiben und je nach Größe vierteln oder in etwa ½ cm breite Streifen schneiden. Vom Zitronengras welke Außenblätter und obere, trockene Hälfte entfernen, untere Hälfte längs halbieren. Limettenblätter mehrmals einreißen.

3 Die Brühe in einem Topf erhitzen und Knoblauch, Ingwer, Zitronengras und Limettenblätter dazugeben. Die Sojasauce unterrühren und alles knapp unter dem Siedepunkt etwa 10 Minuten garen. Dabei nach etwa 5 Minuten die Spargelstangen und -köpfe hinzufügen.

4 Dann Frühlingszwiebeln und Pilze in die Suppe geben und darin knapp unter dem Siedepunkt wenige Minuten ziehen lassen. Zitronengras und Kaffir-Limettenblätter wieder entfernen. Die Glasnudeln in ein Sieb abgießen und mit dem Koriandergrün zur Suppe geben, alles mit Chilisalz würzen. Die Suppe in tiefe Teller verteilen.

Kartoffelgulasch mit Würstchen

20 MIN. ZUBEREITUNG   **30** MIN. GARZEIT

1 Kartoffeln schälen, waschen und in 1 ½ bis 2 cm große Würfel schneiden. In einem Topf in Salzwasser mit Lorbeer und 1 Prise Chiliflocken 15 bis 20 Minuten garen. Abgießen und kurz ausdampfen lassen, Lorbeerblatt entfernen. Währenddessen Zwiebel schälen und in etwa 1 cm große Blätter schneiden. Paprikas längs halbieren, entkernen, waschen, schälen und in etwa 1 cm große Blätter schneiden. Einen Topf ohne Fett bei mittlerer Temperatur erhitzen und Zwiebel und Paprikas darin andünsten. Tomatenmark und passierte Tomaten unterrühren, die Brühe dazugießen. Alles mit einem Blatt Backpapier bedecken und knapp unter dem Siedepunkt 15 bis 20 Minuten weich garen.

2 Inzwischen Pilze putzen, trocken abreiben und vierteln. Würstchen in Scheiben schneiden. Gulasch mit drei Vierteln des Gulaschgewürzes würzen, wenige Minuten ziehen lassen und mit Chilisalz abschmecken. Zuletzt Kartoffeln, Pilze und Würstchen untermischen und kurz erhitzen. Zum Servieren das Gulasch mit dem restlichen Gewürz abschmecken und auf tiefe Teller verteilen.

TIPP *Gulaschgewürz selbst gemacht: 2 TL Paprikapulver (edelsüß) und ½ TL Räucherpaprika mit wenig Wasser mischen. 2 fein geriebene Knoblauchzehen, 1 TL gem. Kümmel, 1 TL getr. Majoran, ½–1 TL abgeriebene unbehandelte Zitronenschale und ½ TL fein geriebenen Ingwer untermischen.*

Zutaten
FÜR 4 PERSONEN

FRISCH GEKAUFT

je 1 rote und gelbe Paprikaschote (à ca. 200 g)

80 g kleine feste Champignons

4 Wiener Würstchen

1–2 TL Gulaschgewürz
(Fertigprodukt oder selbst
gemacht; siehe Tipp)

AUS DEM VORRAT

800 g vorwiegend festkochende Kartoffeln

Salz · 1 Lorbeerblatt

milde Chiliflocken

1 Zwiebel

2 EL Tomatenmark

100 g passierte Tomaten (aus der Dose)

600 ml Gemüsebrühe
(ersatzweise Hühnerbrühe)

mildes Chilisalz

Gemüse-Ein-Topf mit Hähnchen

20 MIN. ZUBEREITUNG   **30** MIN. GARZEIT

Zutaten

FÜR 4 PERSONEN

FRISCH GEKAUFT

2 Möhren · 150 g Knollensellerie

200 g Weißkohl · ½ Stange Lauch

150 g breite oder grüne Bohnen
(frisch oder tiefgekühlt)

400 g Hähnchenbrustfilet (ohne Haut)

AUS DEM VORRAT

2 festkochende Kartoffeln · 2 Zwiebeln

ca. 1,2 l Hühnerbrühe

1 Lorbeerblatt

Salz · 2 Knoblauchzehen (in Scheiben)

3 Scheiben Ingwer

2 EL Petersilienblätter
(frisch geschnitten oder tiefgekühlt)

½–1 TL getr. Bohnenkraut

1–2 Msp. gemahlener Kümmel

frisch geriebene Muskatnuss

mildes Chilisalz · Pfeffer aus der Mühle

1 Die Kartoffeln schälen und waschen, Möhren und Sellerie putzen und schälen, die Zwiebeln schälen und alles in etwa 1 cm große Würfel schneiden. Den Kohl putzen, waschen und in etwa 1 ½ cm große Blätter schneiden. Kartoffeln, Möhren, Zwiebeln, Sellerie und Weißkohl mit der Brühe und dem Lorbeerblatt in einem Topf knapp unter dem Siedepunkt etwa 15 Minuten garen.

2 Inzwischen den Lauch putzen, waschen und quer in ½ bis 1 cm breite Streifen schneiden. Die breiten Bohnen putzen, waschen und schräg in etwa 1 ½ cm breite Stücke schneiden (tiefgekühlte Bohnen rechtzeitig auftauen lassen). Bohnen in Salzwasser etwa 5 Minuten weich garen, in ein Sieb abgießen, kalt abschrecken und gut abtropfen lassen. Lauch, Knoblauch und Ingwer zum Eintopf geben und alles noch weitere 5 bis 10 Minuten ziehen lassen.

3 Währenddessen das Hähnchenbrustfilet waschen, trocken tupfen und in etwa 1 ½ cm große Würfel schneiden. Zuletzt das Fleisch mit Bohnen und Petersilie unter den Eintopf rühren und etwa 4 Minuten ziehen lassen, bis das Fleisch saftig durchgegart ist.

4 Zum Servieren den Eintopf mit Bohnenkraut, Kümmel, etwas Muskatnuss, Chilisalz und Pfeffer abschmecken und auf tiefe Teller verteilen.

KAPITEL 4

Rund um Nudeln, Reis & Co.

*Egal, ob Veggie oder nicht –
Gerichte mit Nudeln,
Reis und Kartoffeln machen satt
und schmecken immer.*

Makkaroni mit Spinat, Feta und Walnüssen

10 MIN. ZUBEREITUNG   **5** MIN. GARZEIT

Zutaten

FÜR 4 PERSONEN

FRISCH GEKAUFT

100 g junger Spinat

150 g Feta (Schafskäse)

1 geh. EL Steakgewürz

AUS DEM VORRAT

400 g kurze Makkaroni (ersatzweise andere Nudeln, z. B. Penne oder Fusilli)

Salz

3 Scheiben Ingwer

5 getr. Soft-Aprikosen

¼ l Gemüsebrühe (ersatzweise Hühnerbrühe)

2 fein geriebene Knoblauchzehen

1 TL fein geriebener Ingwer

½ TL Räucherpaprikapulver (Pimentón de la Vera picante)

2 EL grob gehackte Walnüsse

1 Die Makkaroni in reichlich kochendem Salzwasser mit den Ingwerscheiben etwa 2 Minuten kürzer als auf der Packung angegeben garen, dabei ab und zu umrühren. In ein Sieb abgießen und abtropfen lassen, den Ingwer wieder entfernen.

2 Währenddessen den Spinat verlesen, waschen und abtropfen lassen. Die Aprikosen in ½ bis 1 cm breite Streifen schneiden. Den Feta in Würfel schneiden.

3 Die Brühe in einer großen tiefen Pfanne mit Knoblauch, geriebenem Ingwer, Steakgewürz und Räucherpaprika erhitzen. Die Nudeln dazugeben und etwa 2 Minuten garen, bis sie fast die gesamte Flüssigkeit aufgenommen haben.

4 Dann Spinat und Soft-Aprikosen unterheben und den Spinat kurz zusammenfallen lassen. Die Pfanne vom Herd nehmen, den Feta untermischen und kurz erwärmen, alles nochmals abschmecken. Die Makkaroni auf Pastateller verteilen und mit Walnüssen bestreut servieren.

TIPP *Falls Sie keinen jungen Spinat bekommen, können Sie das Gericht auch mit tiefgekühltem Spinat zubereiten. Dazu nach Packungsanweisung auftauen lassen und mit den Aprikosen wie beschrieben in der Pasta erwärmen.*

Pappardelle mit Pilzen und Tomaten

10 MIN. ZUBEREITUNG   **10** MIN. GARZEIT

Zutaten

FÜR 4 PERSONEN

FRISCH GEKAUFT

120 g kleine feste Champignons

5 Frühlingszwiebeln

2 EL Basilikumblätter (frisch geschnitten)

AUS DEM VORRAT

400 g Pappardelle (breite Bandnudeln)

Salz · 3 Scheiben Ingwer

100 g getr. Tomaten (in Öl)

2 EL Mandelblättchen

¼ l Gemüsebrühe (ersatzweise Hühnerbrühe)

2 fein geriebene Knoblauchzehen

½ TL fein geriebener Ingwer

2 EL kalte Butter oder mildes Olivenöl

mildes Chilisalz

4 EL geriebener Parmesan

1 Die Pappardelle in reichlich kochendem Salzwasser mit den Ingwerscheiben etwa 2 Minuten kürzer als auf der Packung angegeben garen, dabei ab und zu umrühren. In ein Sieb abgießen und abtropfen lassen, Ingwer entfernen.

2 Inzwischen die Pilze putzen, trocken abreiben und in etwa ½ cm dicke Scheiben schneiden. Die Tomaten abtropfen lassen und in etwa ½ cm breite Streifen schneiden. Die Frühlingszwiebeln putzen, waschen und schräg in etwa ½ cm dünne Ringe schneiden. Mandelblättchen in einer Pfanne ohne Fett leicht anrösten, wieder herausnehmen.

3 Die Brühe in einer tiefen Pfanne mit Knoblauch und geriebenem Ingwer erhitzen. Die vorgegarten Nudeln mit Champignons und Frühlingszwiebeln dazugeben und alles etwa 2 Minuten garen, bis die Nudeln fast die gesamte Flüssigkeit aufgenommen haben.

4 Die Tomaten mit Mandelblättchen und Basilikum hinzufügen, zuletzt die kalte Butter oder das Olivenöl unterrühren und alles mit Chilisalz würzen.

5 Zum Servieren die Pappardelle auf Pastateller verteilen und mit Parmesan bestreuen.

Pronto Pesto

Wer will, kann gleich die doppelte Menge zubereiten und in einem Glas im Kühlschrank aufbewahren. Zum Servieren jede Portion Pasta mit 1 bis 2 TL Pesto mischen.

Tomatenpesto

ZUBEREITUNG Die getrockneten Tomaten in einem Topf in Wasser knapp unter dem Siedepunkt 15 bis 20 Minuten weich garen. In ein Sieb abgießen und gut abtropfen lassen. Inzwischen die Tomate waschen und klein schneiden, dabei den Stielansatz entfernen. Die weichen getrockneten Tomaten mit Tomate, Knoblauch, Mandeln, Parmesan und Olivenöl im Mixer nicht zu fein pürieren und mit Chilisalz, Zucker und 1 Prise Vanillezucker würzen. Zuletzt das Basilikum unterrühren.

TIPP Wer getrocknete Tomaten aus dem Glas nehmen möchte, sollte sie auch kurz kochen, damit sie weicher werden und sich cremig mixen lassen. Mit diesen getrockneten Tomaten wird das Pesto etwas körniger.

FRISCH GEKAUFT 100 g getr. Tomaten (nicht eingelegt; siehe Tipp) · 1 Tomate
AUS DEM VORRAT 1 kleine Knoblauchzehe (in Scheiben) · 1 EL geröstete Mandelblättchen · 1 EL geriebener Parmesan · 4 EL mildes Olivenöl · mildes Chilisalz · ½–1 TL Zucker · Vanillezucker · 1 EL Basilikumblätter (frisch geschnitten)

**FÜR 1 GLAS (CA. 200 ML INHALT) /
5 MIN. ZUBEREITUNG + 20 MIN. GARZEIT**

Basilikum-Spinat-Pesto

ZUBEREITUNG Spinat verlesen, waschen und in Salzwasser ½ bis 1 Minute blanchieren. Abgießen, abschrecken, übriges Wasser ausdrücken, klein schneiden. Basilikum waschen, trocken tupfen. Spinat, Basilikum, Knoblauch, Parmesan und Mandeln mit Olivenöl und Butter nicht zu fein pürieren. Mit Salz, Pfeffer und Zitronensaft würzen.

FRISCH GEKAUFT 100 g junger Spinat · 1 Bund Basilikum
AUS DEM VORRAT Salz · ½–1 Knoblauchzehe (in Scheiben) · 1 EL geriebener Parmesan · 1 EL geröstete Mandelblättchen · 4–5 EL mildes Olivenöl · 4–5 EL flüssige braune Butter (siehe S. 19) · Pfeffer aus der Mühle · Zitronensaft

**FÜR 1 GLAS (CA. 200 ML INHALT) /
10 MIN. ZUBEREITUNG**

Koriander-Minz-Pesto

ZUBEREITUNG Petersilie, Spinat, Minze und Koriander waschen und trocken tupfen. Petersilie und Spinat ½ bis 1 Minute in Salzwasser blanchieren, abgießen und abschrecken, übriges Wasser ausdrücken, beides mit Minze und Koriander grob zerkleinern. Alles mit Mandeln, Knoblauch, Ingwer, Öl und Olivenöl im Mixer nicht zu fein pürieren. Mit Chilisalz, Pfeffer und Limettenschale würzen.

FRISCH GEKAUFT je 20 g Petersilien- und Spinatblätter · je 10 g Minze- und Korianderblätter
AUS DEM VORRAT Salz · 1 EL geröstete Mandelblättchen · ½ fein geriebene Knoblauchzehe · 1 Msp. geriebener Ingwer · 60 g neutrales Öl · 60 g mildes Olivenöl · mildes Chilisalz · Pfeffer · 1 Msp. abgeriebene unbehandelte Limettenschale

**FÜR 1 GLAS (CA. 150 ML INHALT) /
10 MIN. ZUBEREITUNG**

TIPP

In saubere Gläser gefüllt und mit reichlich Olivenöl bedeckt, halten sich die Pestos im Kühlschrank 1 bis 2 Wochen. Das Olivenöl versiegelt die Paste luftdicht.

Farfalle mit Thunfisch und Tomaten

10 MIN. ZUBEREITUNG   **10** MIN. GARZEIT

Zutaten

FÜR 4 PERSONEN

FRISCH GEKAUFT

400 g Cocktailtomaten

AUS DEM VORRAT

400 g Mini-Farfalle · Salz · 3 Scheiben Ingwer

300 g Thunfisch in Lake (aus der Dose)

¼ l Hühnerbrühe (ersatzweise Gemüsebrühe)

2 fein geriebene Knoblauchzehen

1 TL fein geriebener Ingwer

1 EL Petersilienblätter (frisch geschnitten oder tiefgekühlt; ersatzweise getr. italien. Kräuter)

4 TL Kapern

2 EL schwarze Oliven (ohne Stein)

½ TL abgeriebene unbehandelte Zitronenschale

1–2 Msp. Räucherpaprikapulver (Pimentón de la Vera picante)

mildes Chilisalz

2 EL kalte Butter oder mildes Olivenöl

2 EL geröstete Pinienkerne (siehe Tipp S. 22)

1 Die Farfalle in reichlich kochendem Salzwasser mit den Ingwerscheiben etwa 2 Minuten kürzer als auf der Packung angegeben garen, dabei ab und zu umrühren. In ein Sieb abgießen und abtropfen lassen, Ingwer entfernen.

2 Inzwischen die Tomaten waschen und je nach Größe halbieren oder vierteln. Den Thunfisch abtropfen lassen und in nicht zu kleine Stücke teilen.

3 Die Brühe in einer tiefen Pfanne mit Knoblauch und geriebenem Ingwer erhitzen. Die vorgegarten Nudeln dazugeben und etwa 2 Minuten bissfest garen, bis sie fast die gesamte Flüssigkeit aufgenommen haben.

4 Tomaten und Petersilie hinzufügen und darin erhitzen. Kapern mit Thunfisch, Oliven und Zitronenschale dazugeben, alles kurz erhitzen und mit Räucherpaprika und Chilisalz würzen. Zuletzt die kalte Butter in Flöckchen oder das Olivenöl unterrühren.

5 Zum Servieren die Farfalle auf Pastateller verteilen und mit den Pinienkernen bestreuen.

Spaghetti mit Gorgonzolasauce

10 MIN. ZUBEREITUNG   **10** MIN. GARZEIT

1 Die Nudeln in reichlich kochendem Salzwasser mit dem Ingwer etwa 2 Minuten kürzer als auf der Packung angegeben garen, dabei ab und zu umrühren. In ein Sieb abgießen und abtropfen lassen, dabei den Ingwer entfernen.

2 Inzwischen für die Sauce die Speisestärke mit wenig kaltem Wasser glatt rühren. Brühe und Sahne in einem kleinen Topf aufkochen, die angerührte Speisestärke in die Mischung geben und 1 bis 2 Minuten köcheln lassen, bis sie sämig bindet. Gorgonzola in kleine Stücke pflücken, dazugeben und mit dem Stabmixer untermischen. Die Sauce mit Chilisalz, Pfeffer und Muskatnuss würzen.

3 Die Spaghetti mit der Gorgonzolasauce wieder in den Nudelkochtopf geben und darin unter Rühren kurz erwärmen. Auf Pastateller verteilen, mit etwas Muskatnuss und Pfeffer bestreuen und mit Petersilie garniert servieren.

TIPP *Nach Belieben können Sie zum Servieren noch feine Streifen Südtiroler Speck und/oder Birnenwürfel unter das Gericht ziehen.*

Zutaten

FÜR 4 PERSONEN

FRISCH GEKAUFT

150 g Gorgonzola

AUS DEM VORRAT

500 g Spaghetti · Salz

3 Scheiben Ingwer

3 TL Speisestärke

375 ml Gemüsebrühe

75 g Sahne

mildes Chilisalz

Pfeffer aus der Mühle

frisch geriebene Muskatnuss

1 EL Petersilienblätter
(frisch geschnitten oder tiefgekühlt)

Ricotta-Gnocchi mit Salbei-Mohn-Butter

15 MIN. ZUBEREITUNG   **10** MIN. GARZEIT

Zutaten

FÜR 4 PERSONEN

FRISCH GEKAUFT

500 g Ricotta

100 g geriebener Parmesan

1 EL kleine Salbeiblätter

AUS DEM VORRAT

2 Eier

250 g doppelgriffiges Mehl
(Instant- oder Spätzlemehl)

mildes Chilisalz

frisch geriebene Muskatnuss

doppelgriffiges Mehl zum Arbeiten

Salz

80 g flüssige braune Butter
(siehe S. 19)

1 EL Mohnsamen

2 Knoblauchzehen (in Scheiben)

1 Den Ricotta mit Parmesan, Eiern, Mehl, etwas Chilisalz und Muskatnuss in einer Schüssel mischen und alles mit dem Teigschaber zu einem glatten Teig verarbeiten. Den Teig auf der gut bemehlten Arbeitsfläche (der Teig ist sehr weich!) zu etwa 2 cm dicken Rollen formen. Die Rollen in 1 bis 2 cm lange Stücke schneiden.

2 Die Gnocchi in reichlich kochendem Salzwasser etwa 5 Minuten garen, bis sie nach oben steigen, dann noch weitere 2 Minuten ziehen lassen. Gnocchi mit dem Frittierlöffel herausnehmen und in einem Sieb abtropfen lassen.

3 Inzwischen die Salbeiblätter waschen und trocken tupfen. Die braune Butter in einer Pfanne mit Mohn, Salbeiblättern und Knoblauch bei mittlerer Temperatur erhitzen und die Gnocchi darin kurz erwärmen. Auf Teller verteilen und nach Belieben mit Parmesanspänen bestreuen.

TIPP *Sie können die Gnocchi auch auf Vorrat herstellen: dazu am besten die doppelte Menge zubereiten und in Salzwasser wie beschrieben garen, in einem Sieb abtropfen und ausdampfen lassen. Dann mit etwas Olivenöl mischen, nebeneinander auf einem Tablett einfrieren und, sobald sie gefroren sind, in eine gut schließende Box umfüllen. Zum Servieren die Gnocchi antauen lassen, in etwas Brühe erhitzen und mit der Salbei-Mohn-Butter fertigstellen.*

Käsespätzle mit Röstzwiebeln

10 MIN. ZUBEREITUNG   **10** MIN. GARZEIT

Zutaten

FÜR 4 PERSONEN

FRISCH GEKAUFT

800 g Spätzle (aus dem Kühlregal)

je 100 g geriebener Emmentaler und Bergkäse

50 g Romadur oder ein anderer kräftiger Weichkäse mit Rotschmiere (in kleinen Würfeln)

AUS DEM VORRAT

2 Zwiebeln

2 EL Butter

Zucker

100 ml Gemüsebrühe (ersatzweise Hühnerbrühe)

frisch geriebene Muskatnuss

1 EL Petersilienblätter (frisch geschnitten oder tiefgekühlt)

mildes Chilisalz

1 Für die Röstzwiebeln die Zwiebeln schälen und in feine Ringe schneiden. Die Butter in einer Pfanne erhitzen und die Zwiebeln darin bei milder Hitze mit 1 Prise Zucker gleichmäßig bräunen. Die Röstzwiebeln beiseitestellen und warm halten, aber nicht nachbräunen lassen.

2 Die Spätzle mit der Brühe in einer großen tiefen Pfanne erhitzen. Etwas Muskatnuss darüberreiben und ein Drittel der Röstzwiebeln mit der Petersilie dazugeben. Alle drei Käsesorten darüberstreuen und unter Rühren langsam schmelzen lassen. Dabei die Pfanne nach Bedarf vom Herd nehmen, sodass das Ganze nicht kocht, sondern knapp unter dem Siedepunkt langsam schmilzt.

3 Die Käsespätzle mit Chilisalz abschmecken und auf Teller verteilen, zum Servieren mit den übrigen Röstzwiebeln bestreuen.

TIPP *Käsespätzle lassen sich auch wie ein Auflauf garen: dazu die Spätzle mit der Hälfte des Käses mischen und mit der Brühe in einer gebutterten Auflaufform verteilen. Mit dem übrigen Käse bedecken, im auf 160 °C vorgeheizten Ofen auf der mittleren Schiene etwa 20 Minuten überbacken. Inzwischen die Röstzwiebeln zubereiten und zum Servieren darauf verteilen. Nach Belieben können Sie zur Resteverwertung auch Gemüse oder Wurst unter die Spätzle mischen.*

Kartoffel-Liebe

Wer gern Kartoffeln isst, kocht am besten immer ein paar mehr mit – für ein leckeres Gericht am nächsten Tag.

Kartoffelgröstl mit Hähnchen

ZUBEREITUNG Kartoffeln in Scheiben schneiden. Zwiebel schälen und in 1 cm große Blätter schneiden. Paprika vierteln, entkernen und waschen, schälen und 1 ½ cm groß schneiden. Hähnchen waschen, trocken tupfen und 2 cm groß würfeln. In einer tiefen Pfanne 1 EL braune Butter erhitzen, Kartoffeln und Zwiebel portionsweise darin anbraten, mit Bratkartoffelgewürz würzen. Herausnehmen und warm halten. Paprika mit Brühe, Knoblauch und Ingwer in einem Topf mit einem Blatt Backpapier bedecken und knapp unter dem Siedepunkt etwa 5 Minuten garen. Pfanne von den Kartoffeln auswischen, Würstel im Öl darin auf beiden Seiten anbraten. Herausnehmen, auf Küchenpapier abtropfen lassen und schräg halbieren. Hähnchen zur Paprika geben und 4 bis 5 Minuten durchziehen lassen. In ein Sieb abgießen, Ingwer entfernen. Hähnchenmix, Würstel und Kartoffeln kurz erhitzen. Mit Chilisalz würzen, Petersilie unterrühren. Nach Belieben noch 100 g tiefgekühlte grüne Bohnen zum Huhn geben.

FRISCH GEKAUFT 1 große rote Paprikaschote · 2 Hähnchenbrustfilets (à ca. 120 g) · 1 Packung Nürnberger Rostbratwürstel (12-14 Stück) **AUS DEM VORRAT** 500 g vorgegarte festkochende Kartoffeln (bereits gepellt) · 1 rote Zwiebel · 1-2 EL braune Butter (siehe S. 19) · 2 TL Bratkartoffelgewürz (ersatzweise gemahlener Kümmel und getr. Majoran) · 80 ml Hühnerbrühe (ersatzweise Gemüsebrühe) · 1 Knoblauchzehe (in Scheiben) · 2 Scheiben Ingwer · ½ TL Öl · mildes Chilisalz · 1 EL Petersilienblätter (frisch geschnitten oder tiefgekühlt)

FÜR 4 PERSONEN / 20 MIN. ZUBEREITUNG + 20 MIN. GARZEIT

Kartoffel-Pilz-Pfanne mit Ei

ZUBEREITUNG Kartoffeln waschen und mit Schale in Salzwasser etwa 20 Minuten weich garen. Abgießen, kurz ausdampfen und abkühlen lassen, dann halbieren. Pilze putzen, trocken abreiben (Pfifferlinge gründlich putzen, falls nötig, waschen und trocken tupfen) und in ½ cm dünne Scheiben schneiden. Zucchini putzen, waschen, längs halbieren und schräg in Scheiben schneiden. Tomaten waschen und halbieren. Eine große Pfanne bei mittlerer Temperatur erhitzen. Nacheinander Kartoffeln, Pilze und Zucchini in wenig Öl anbraten, herausnehmen. Alles in einer tiefen Pfanne mit Knoblauch, Ingwer und Zitronenschale erhitzen. Tomaten hinzufügen und darin kurz erhitzen. Mit Kümmel, Bohnenkraut, Chilisalz und Pfeffer würzen. Zuletzt Petersilie hinzufügen, Ingwer und Zitronenschale entfernen. Gleichzeitig eine große Pfanne bei mittlerer Temperatur erhitzen, etwas Öl darin verstreichen, salzen und die Eier darin nebeneinander zu Spiegeleiern braten. Die Kartoffel-Pilz-Pfanne auf Teller verteilen und je 1 Spiegelei daraufsetzen.

FRISCH GEKAUFT 800 g kleine festkochende Kartoffeln (z. B. Drillinge) · 400 g gemischte Pilze (z. B. Champignons, Shiitake-Pilze, Austernpilze, Kräuterseitlinge, Pfifferlinge, Steinpilze) · 1 Zucchini (ca. 200 g) · 200 g Cocktailtomaten
AUS DEM VORRAT Salz · 2–3 EL Öl · 2 Knoblauchzehen (in Scheiben) · 4 Scheiben Ingwer · 2 Streifen unbehandelte Zitronenschale · ½ TL gemahlener Kümmel · ½–1 TL getr. Bohnenkraut · mildes Chilisalz · Pfeffer aus der Mühle · 2 EL Petersilienblätter (frisch geschnitten oder tiefgekühlt) · 4 Eier

FÜR 4 PERSONEN / 20 MIN. ZUBEREITUNG + 35 MIN. GARZEIT

TIPP

Sie können auch Gemüsereste unter das Gröstl mischen – zum Beispiel von Pak Choi, Frühlingszwiebeln, Fenchel, Staudensellerie, Bohnen, Erbsen, Süßkartoffeln etc. Bratenreste passen ebenfalls super.

Kartoffel-Tortilla mit Paprikasalami

20 MIN. ZUBEREITUNG   **10** MIN. GARZEIT   **20** MIN. BACKZEIT

1 Den Backofen auf 180 °C vorheizen. Die Kartoffeln schälen, waschen und in etwa 1 cm große Würfel schneiden. In Salzwasser etwa 5 Minuten gerade bissfest garen, in ein Sieb abgießen und kurz ausdampfen lassen.

2 Inzwischen die Zwiebel schälen und in feine Würfel schneiden. Die Salami in kleine Würfel schneiden. Die getrockneten Tomaten abtropfen lassen und in kleine Würfel schneiden. Die Eier mit der Sahne verquirlen und mit Chilisalz und Muskatnuss würzen.

3 Eine tiefe ofenfeste Pfanne (ca. 20 cm Durchmesser) bei mittlerer Temperatur erhitzen, das Öl darin verstreichen und die Zwiebel darin leicht andünsten. Kartoffeln mit Erbsen, Salami und getrockneten Tomaten hinzufügen und alles mit Bratkartoffelgewürz und Chilisalz würzen.

4 Die Eiermischung darüber verteilen und alles 2 bis 3 Minuten anbraten. Dann die Tortilla im Ofen auf der mittleren Schiene 15 bis 20 Minuten stocken lassen. Herausnehmen, wenige Minuten abkühlen lassen und auf eine flache Kuchenplatte oder einen großen Teller stürzen. Zum Servieren in Streifen schneiden.

TIPP *Die Tortilla schmeckt warm oder kalt. Falls etwas übrig bleibt, einfach für später im Kühlschrank aufbewahren.*

Zutaten
FÜR 4 PERSONEN

FRISCH GEKAUFT

80 g Paprikasalami

AUS DEM VORRAT

500 g festkochende Kartoffeln

Salz

½ Zwiebel

4 getr. Tomaten (in Öl)

6 Eier

6 EL Sahne

mildes Chilisalz

frisch geriebene Muskatnuss

1 TL Öl

100 g tiefgekühlte Erbsen (aufgetaut)

1 TL Bratkartoffelgewürz
(ersatzweise gemahlener Kümmel
und getr. Majoran)

Süßkartoffelgratin mit Lauch

15 MIN. ZUBEREITUNG   **50** MIN. BACKZEIT

Zutaten
FÜR 4 PERSONEN

FRISCH GEKAUFT

500 g Süßkartoffeln

120 g Lauch

120 g Kochschinken (in dünnen Scheiben)

400 g Sahne

100 g geriebener Emmentaler

AUS DEM VORRAT

1 EL Butter für die Form

500 g vorwiegend festkochende Kartoffeln

Salz

2 fein geriebene Knoblauchzehen

2 TL getr. italien. Kräuter

1 Msp. Räucherpaprikapulver (Pimentón de la Vera picante)

mildes Chilisalz

Pfeffer aus der Mühle

frisch geriebene Muskatnuss

1 Den Backofen auf 180 °C vorheizen. Eine Auflaufform (ca. 20 x 30 cm) mit Butter einfetten. Kartoffeln und Süßkartoffeln schälen, waschen, in etwa 2 mm dünne Scheiben hobeln und in einer Schüssel leicht salzen. Den Lauch putzen, waschen und in dünne Ringe schneiden. Den Kochschinken in etwa 1 cm große Stücke schneiden.

2 Die Sahne mit Knoblauch und Kräutern verquirlen und mit Räucherpaprika, Chilisalz, Pfeffer und etwas Muskatnuss kräftig würzen. Lauch und Schinken zu den Kartoffel- und Süßkartoffelscheiben geben, Sahnemix darübergießen und alles gründlich mischen.

3 Alles in der Form verteilen und mit Käse bestreuen. Das Gratin im Ofen auf der mittleren Schiene etwa 50 Minuten goldbraun garen. Die Kartoffeln sollten dann weich sein. Dabei das Gratin gegen Ende der Garzeit mit Alufolie abdecken, damit es nicht zu stark bräunt.

4 Das Gratin aus dem Ofen nehmen und kurz abkühlen lassen. Dazu passt ein bunter Salat, zum Beispiel mit der Basisvinaigrette gemischt (siehe Tipp S. 29).

TIPP *Das Gratin vollständig durchbacken, damit es richtig gut schmeckt und die perfekte Konsistenz hat. Die Kartoffeln brauchen die Zeit, um die Gewürzsahne aufzunehmen.*

Polentataler auf Rahmspinat

20
MIN. ZUBEREITUNG

15
MIN. GARZEIT

5
MIN. KÜHLZEIT

1 Für die Polentataler den Gorgonzola in kleine Stücke schneiden. 175 ml Brühe und die Milch in einem Topf aufkochen, Rosmarin und Zitronenschale hinzufügen und alles mit Chilisalz, Pfeffer und Muskatnuss würzen. Den Polentagrieß einrieseln und unter Rühren etwa 1 Minute dicklich einkochen lassen. Vom Herd nehmen und die Polenta etwas abkühlen lassen. Die Eier mit Parmesan und Gorgonzola unterrühren, etwa 5 Minuten abkühlen lassen.

2 Die Weißbrotbrösel auf einem flachen Teller verteilen. Das Öl in einer Pfanne bei mittlerer Temperatur erhitzen. Aus der Grießmasse mit angefeuchteten Händen 12 Taler formen, in den Bröseln wenden und im Öl auf beiden Seiten leicht bräunen. Herausnehmen und warm halten.

3 Den Spinat verlesen, waschen und grobe Stiele entfernen. Etwa die Hälfte des Spinats in einem Topf in der übrigen Brühe kurz erhitzen, die Sahne dazugießen und alles kurz köcheln lassen. Dann mit dem Stabmixer fein pürieren und in eine Pfanne gießen.

4 Die restlichen Spinatblätter mit Knoblauch und Vanille zur Spinatsahne geben und darin wenige Minuten ziehen lassen. Den Spinat zuletzt mit Chilisalz und Muskatnuss würzen. Zum Servieren den Spinat auf Teller verteilen und die Polentataler drauflegen.

Zutaten
FÜR 4 PERSONEN

FRISCH GEKAUFT

160 g Gorgonzola

1 EL Rosmarinnadeln (frisch geschnitten)

800 g Blattspinat

AUS DEM VORRAT

225 ml Gemüsebrühe

175 ml Milch

abgeriebene Schale von ½ unbehandelten Zitrone

mildes Chilisalz

Pfeffer aus der Mühle

frisch geriebene Muskatnuss

125 g Instant-Polenta (Maisgrieß)

2 Eier · 50 g geriebener Parmesan

50 g Weißbrotbrösel

1–2 EL Öl · 200 g Sahne

1 Knoblauchzehe (in Scheiben)

3 cm Vanilleschote

Spinatrisotto mit Räucherlachs

10 MIN. ZUBEREITUNG **25** MIN. GARZEIT

Zutaten

FÜR 4 PERSONEN

FRISCH GEKAUFT

200 g junger Spinat

200 g Räucherlachs (in dünnen Scheiben)

AUS DEM VORRAT

500 g Risottoreis (z. B. Vialone nano)

1 ½ l Gemüsebrühe (ersatzweise Hühnerbrühe;
evtl. etwas mehr zum Nachgießen)

abgeriebene Schale von 1 unbehandelten
Zitrone

2 fein geriebene Knoblauchzehen

½ TL fein geriebener Ingwer

2 EL braune Butter (siehe S. 19)

2 EL kalte Butter

4 EL geriebener Parmesan

mildes Chilisalz

Pfeffer aus der Mühle

frisch geriebene Muskatnuss

1 Reis und Brühe in einen Topf geben, mit einem Blatt Backpapier bedecken und knapp unter dem Siedepunkt 18 bis 20 Minuten garen, bis der Reis die Flüssigkeit fast vollständig aufgenommen hat, dabei nicht umrühren. Bei Bedarf gegen Ende der Garzeit noch etwas Brühe nachgießen und unterrühren.

2 Inzwischen die Spinatblätter verlesen, waschen und trocken schleudern. Den Räucherlachs in ½ bis 1 cm breite Streifen schneiden.

3 Die Spinatblätter mit Zitronenschale, Knoblauch und Ingwer unter den Risotto rühren und darin etwa 2 Minuten ziehen lassen. Dann braune Butter, kalte Butter in Flöckchen und Parmesan unterrühren.

4 Zum Servieren den Räucherlachs unter den Risotto rühren und alles mit Chilisalz, Pfeffer und Muskatnuss würzen. Den Risotto auf tiefe Teller verteilen.

TIPP *Sie können für den Risotto auch tiefgekühlten Spinat verwenden – einfach nach Packungsanweisung auftauen lassen und wie beschrieben im Risotto ziehen lassen. In eine schnelle Risotto-Variante passen anstelle von Spinat tiefgekühlte Erbsen. Ebenso können Sie statt Lachs auch Kochschinken in Streifen unter den Risotto rühren.*

Paella mit Hähnchen und Garnelen

10 MIN. ZUBEREITUNG   **30** MIN. GARZEIT

Zutaten

FÜR 4 PERSONEN

FRISCH GEKAUFT

10–15 Safranfäden

150 g geröstete rote Paprikaschoten
(aus dem Glas; in Öl; geschält; siehe Tipp)

2 Hähnchenbrustfilets (à ca. 150 g; ohne Haut)

150 g Garnelen (geschält)

200 g Kabeljaufilet (ersatzweise andere
Fischfilets wie Rotbarsch oder Zander)

AUS DEM VORRAT

3/4 l Hühnerbrühe (ersatzweise Gemüsebrühe)

mildes Chilisalz

1 Zwiebel

1 TL Öl (evtl. etwas mehr)

2 fein geriebene Knoblauchzehen

300 g Rundkornreis
(z. B. Paella- oder Risottoreis)

70 g tiefgekühlte Erbsen (aufgetaut)

2 EL mildes Olivenöl

1 Die Brühe in einem kleinen Topf erhitzen, den Safran dazugeben und alles mit Chilisalz kräftig abschmecken. Vom Herd nehmen und beiseitestellen.

2 Die Zwiebel schälen und in feine Würfel schneiden. Die Paprika abtropfen lassen und in ½ bis 1 cm große Stücke schneiden. Fleisch waschen, trocken tupfen und quer in etwa 1 ½ cm dicke Scheiben schneiden. Die Garnelen waschen und trocken tupfen. Das Fischfilet waschen, trocken tupfen und in etwa 2 cm große Stücke schneiden.

3 Eine Pfanne (ca. 28 cm Durchmesser) bei mittlerer Temperatur erhitzen, Öl darin verstreichen, Zwiebel und Knoblauch leicht andünsten. Reis hinzufügen und darin unter Rühren erhitzen, nach Bedarf noch etwas Öl hinzufügen.

4 Die Safranbrühe mit Paprika, Erbsen, Fleisch, Garnelen und Fisch dazugeben, alles mit einem Blatt Backpapier bedecken und knapp unter dem Siedepunkt 25 bis 30 Minuten garen, dabei nicht umrühren. Zum Servieren die Paella mit dem Olivenöl beträufeln und auf Teller verteilen. Nach Belieben unbehandelte Zitronenscheiben dazu reichen.

TIPP *Geröstete, geschälte Paprikaschoten selbst herzustellen, ist etwas aufwendig und kostet Zeit, deshalb ist die Variante aus dem Glas ein echter Zeitgewinn.*

Bunter Gemüse-Couscous

15 MIN. ZUBEREITUNG   **23** MIN. GARZEIT

1 Die Möhren putzen, schälen und längs halbieren oder vierteln, größere Exemplare schräg in etwa 1 cm dicke Scheiben schneiden. Die Paprikaschoten längs halbieren, entkernen, waschen und in 1 ½ bis 2 cm große Stücke schneiden. Die Frühlingszwiebeln putzen, waschen und schräg in etwa 2 cm lange Stücke schneiden.

2 Möhren mit Paprika und 125 ml Brühe in einen Topf geben, mit einem Blatt Backpapier bedecken und knapp unter dem Siedepunkt etwa 12 Minuten bissfest dünsten.

3 Inzwischen den Couscous in eine Schüssel geben. Die übrige Brühe aufkochen, mit Ras el-Hanout mischen und über den Couscous gießen. Mit Frischhaltefolie abgedeckt mindestens 7 Minuten quellen lassen.

4 Währenddessen Frühlingszwiebeln und Erbsen mit Knoblauch, Ingwer und Zitronenschale zum Gemüse geben, alles erhitzen und noch 3 bis 4 Minuten gerade weich dünsten. Zuletzt 1 bis 2 EL Olivenöl und Petersilie unterrühren und das Gemüse mit Chilisalz würzen.

5 Zum Servieren den Couscous mit einer Gabel auflockern und mit dem übrigen Olivenöl mischen. Den Couscous unter das Gemüse heben und auf Teller verteilen.

Zutaten

FÜR 4 PERSONEN

FRISCH GEKAUFT

500 g Möhren

je 1 rote und gelbe Paprikaschote

5 Frühlingszwiebeln

1 TL Ras el-Hanout
(marokkan. Gewürzmischung)

AUS DEM VORRAT

300 ml Gemüsebrühe
(ersatzweise Hühnerbrühe)

120 g Instant-Couscous

150 g tiefgekühlte Erbsen (aufgetaut)

2 Knoblauchzehen (in Scheiben)

3 Scheiben Ingwer

1 TL abgeriebene unbehandelte Zitronenschale

3–4 EL mildes Olivenöl

1–2 EL Petersilienblätter
(frisch geschnitten oder tiefgekühlt)

mildes Chilisalz

KAPITEL 5

Mit Fleisch & Fisch

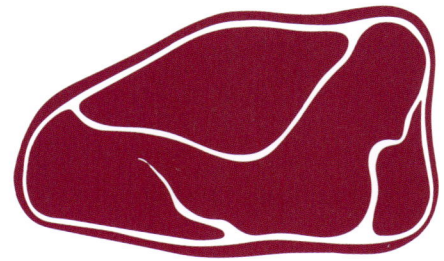

*Es muss nicht der Braten
aus dem Ofen sein –
Fleisch und Fisch, kurz gebraten,
sind ruck, zuck fertig.*

Hähnchen mit Brokkoli und Orangen-Quinoa

15 MIN. ZUBEREITUNG **30** MIN. GARZEIT

Zutaten

FÜR 4 PERSONEN

FRISCH GEKAUFT

4 Hähnchenbrustfilets (à ca. 150 g; ohne Haut)

100 g rote Quinoa (ersatzweise weiße oder bunte Quinoa)

1 Brokkoli (ca. 600 g)

1 TL Brathähnchengewürz

AUS DEM VORRAT

½ TL Öl · 300 ml Hühnerbrühe

1 Lorbeerblatt · 1 kleine getr. rote Chilischote

1 Splitter Zimtrinde · 1 Scheibe Ingwer

1 Knoblauchzehe (in Scheiben)

abgeriebene Schale von ½ unbehandelten Orange

2 EL braune Butter (siehe S. 19)

Salz · mildes Chilisalz

frisch geriebene Muskatnuss

1 EL kalte Butter

4 EL mildes Olivenöl

1 Den Backofen auf 100 °C vorheizen. Auf die mittlere Schiene ein Ofengitter und darunter ein Abtropfblech schieben. Das Hähnchenfleisch waschen und trocken tupfen. Eine große Pfanne bei mittlerer Temperatur erhitzen, das Öl darin verstreichen und das Fleisch auf beiden Seiten hell anbraten. Auf das Ofengitter setzen und im Ofen etwa 30 Minuten saftig durchziehen lassen.

2 Inzwischen für die Quinoa ¼ l Brühe mit Lorbeer, Chili, Zimt, Ingwer und Knoblauch in einen Topf geben und die Quinoa einrühren. Mit einem Blatt Backpapier bedecken und knapp unter dem Siedepunkt 20 bis 30 Minuten garen. Ganze Gewürze entfernen, Quinoa mit Orangenschale würzen, 1 EL braune Butter untermischen, warm halten.

3 Währenddessen den Brokkoli putzen, waschen und in Röschen teilen, die Stiele schälen und in etwa 1 cm breite Stücke schneiden. In Salzwasser 3 bis 4 Minuten gerade weich garen, in ein Sieb abgießen und abtropfen lassen. Zum Servieren übrige Brühe in den Topf geben, den Brokkoli darin nochmals erhitzen, mit Chilisalz und Muskatnuss würzen, Butter und übrige braune Butter hinzufügen.

4 Olivenöl, Hähnchengewürz und Chilisalz in der Pfanne erwärmen, Fleisch darin wenden. Mit Quinoa und Brokkoli auf Tellern anrichten und mit dem Würzöl beträufeln.

Hähnchenkeulen mit Ofenkartoffeln

15 MIN. ZUBEREITUNG   **45** MIN. GARZEIT

Zutaten
FÜR 4 PERSONEN

FRISCH GEKAUFT

1 kg Mini-Kartoffeln

4 Hähnchenkeulen (à 200–250 g)

1 TL Rosmarinnadeln (fein geschnitten)

8 Tomaten

AUS DEM VORRAT

Salz

8 EL mildes Olivenöl (ersatzweise braune Butter, siehe S. 19, oder Butter)

1 fein geriebene Knoblauchzehe

1 Msp. fein geriebener Ingwer

1 TL abgeriebene unbehandelte Zitronenschale

mildes Chilisalz

½ rote Zwiebel (ersatzweise weiße Zwiebel)

1 EL Petersilienblätter
(frisch geschnitten oder tiefgekühlt)

Zucker · Pfeffer aus der Mühle

1–2 EL Weißweinessig

1 Den Backofen auf 200 °C vorheizen. Ein Backblech mit Backpapier belegen. Die Kartoffeln waschen, je nach Größe halbieren oder vierteln, auf dem Backblech verteilen und leicht salzen. Die Hähnchenkeulen waschen, trocken tupfen und rundum leicht salzen. Auf die Kartoffeln legen und beides im Ofen etwa 35 Minuten garen. Anschließend die Backofentemperatur auf 220 °C erhöhen und Kartoffeln und Hähnchenkeulen noch 10 Minuten knusprig braten.

2 Inzwischen 6 EL Olivenöl mit Rosmarin, Knoblauch, Ingwer und Zitronenschale verrühren und mit Chilisalz würzen. Die Hähnchenkeulen etwa 2 Minuten vor Ende der Garzeit damit bestreichen. Das übrige Gewürzöl über die Kartoffeln träufeln und gut untermischen.

3 Währenddessen die Zwiebel schälen und in feine Streifen schneiden. Tomaten waschen und in Spalten schneiden, dabei die Stielansätze entfernen. Tomatenspalten mit Zwiebel und Petersilie in einer Schüssel mit Chilisalz, 1 Prise Zucker und Pfeffer würzen, mit Essig und übrigem Olivenöl beträufeln und alles vorsichtig mischen.

4 Zum Servieren den Salat nochmals abschmecken. Die Ofenkartoffeln mit den Hähnchenkeulen auf Teller verteilen und den Tomatensalat dazu reichen.

Reisfleisch mit Hähnchen und Pilzen

15 MIN. ZUBEREITUNG   **10** MIN. GARZEIT

Zutaten
FÜR 4 PERSONEN

FRISCH GEKAUFT

400 g Hähnchenbrustfilet
(ersatzweise Schweinefilet oder -lachs)

200 g Champignons · 750 g Schnellkochreis

AUS DEM VORRAT

800 g passierte Tomaten (aus der Dose)

350 ml Hühnerbrühe
(ersatzweise Gemüsebrühe)

2–3 fein geriebene Knoblauchzehen

1 TL fein geriebener Ingwer

1 TL getr. Bohnenkraut

½–1 TL Räucherpaprikapulver
(Pimentón de la Vera picante)

3 EL mildes Olivenöl · mildes Chilisalz

Zucker · 1–2 TL Öl

1 EL Petersilienblätter
(frisch geschnitten oder tiefgekühlt)

½ TL abgeriebene unbehandelte Zitronenschale

2 EL kalte Butter

1 Die passierten Tomaten mit Brühe, Knoblauch, Ingwer, Bohnenkraut und Räucherpaprika in einem Topf erhitzen und knapp unter dem Siedepunkt etwa 5 Minuten garen. Das Olivenöl mit dem Stabmixer unterrühren und die Tomatensauce mit Chilisalz und 1 Prise Zucker würzen.

2 Inzwischen das Hähnchenbrustfilet waschen, trocken tupfen und in 1 bis 2 cm große Würfel schneiden. Die Champignons putzen, trocken abreiben und je nach Größe halbieren oder vierteln.

3 Eine große Pfanne bei mittlerer Temperatur erhitzen, das Öl darin verstreichen und das Hähnchenfleisch etwa 2 Minuten leicht anbraten. Die Pilze hinzufügen und etwa 2 Minuten mitgaren. Zuletzt Petersilie und Zitronenschale hinzufügen, alles mit Chilisalz würzen und die kalte Butter in Flöckchen unterrühren.

4 Währenddessen den Schnellkochreis in der Tomatensauce erhitzen und knapp unter dem Siedepunkt 2 bis 3 Minuten ziehen lassen.

5 Zum Servieren den Tomatenreis nochmals abschmecken, auf tiefe Teller verteilen und die Hähnchenfleischwürfel mit den Pilzen daraufsetzen.

Putenschnitzel mit Rosmarinkruste

20 MIN. ZUBEREITUNG   **25** MIN. GARZEIT

1 Für das Püree Kartoffeln waschen, schälen, 1 bis 1 ½ cm groß würfeln und in mit Chilisalz, Lorbeer und Knoblauchhälften gewürztem Wasser 20 Minuten garen (siehe S. 15).

2 Inzwischen den Backofengrill auf 250 °C vorheizen. Die Schnitzel waschen und trocken tupfen. Eine Pfanne bei mittlerer Temperatur erhitzen, das Öl darin verstreichen und die Schnitzel darin auf beiden Seiten 2 Minuten anbraten. Mit Chilisalz würzen, auf ein Backblech legen und etwas abkühlen lassen.

3 Währenddessen die weiche Butter schaumig rühren und Senf, Rosmarin, Petersilie, geriebenen Knoblauch und Brösel untermischen. Die Masse mit Salz und Pfeffer würzen und etwa ½ cm hoch auf die Schnitzel streichen. Die Schnitzel unter dem Backofengrill auf der unteren Schiene 3 bis 5 Minuten goldbraun überbacken. Herausnehmen.

4 Die Kartoffeln abgießen und kurz ausdampfen lassen, dabei ganze Gewürze entfernen. Dann durch die Kartoffelpresse drücken und die heiße Milch mit einem Kochlöffel unterrühren. Die Tomaten abtropfen lassen und klein würfeln, mit Zitronenschale und kalter Butter in Flöckchen unter das Püree rühren. Zuletzt mit Chilisalz und etwas Muskatnuss würzen. Das Püree auf Teller verteilen und die gratinierten Putenschnitzel danebensetzen.

Zutaten

FÜR 4 PERSONEN

FRISCH GEKAUFT

1 kg mehligkochende Kartoffeln

4 Putenschnitzel (aus der Brust; à ca. 120 g)

125 g weiche Butter

AUS DEM VORRAT

mildes Chilisalz · 1 Lorbeerblatt

1 halbierte Knoblauchzehe · ½–1 TL Öl

1–2 TL scharfer Senf

1 EL Rosmarinnadeln (frisch geschnitten)

1 EL Petersilienblätter (frisch geschnitten)

1 fein geriebene Knoblauchzehe

30 g getr. Weißbrotbrösel (ersatzweise 60 g frische Toastbrotbrösel)

Salz · Pfeffer aus der Mühle

¼ l heiße Milch · 30 g getr. Tomaten (in Öl)

abgeriebene Schale von 1 unbehandelten Zitrone · 2 EL kalte Butter

frisch geriebene Muskatnuss

Sämig & sahnig

*Die schnellen Saucen sind in Nullkomma-
nichts gezaubert – für verschiedene Fleischsorten, aber auch für Fisch oder Meeresfrüchte.*

Braune Sauce

ZUBEREITUNG Portwein und Rotwein in einem Topf
auf 2 bis 3 EL einkochen lassen, das dauert etwa 3 Minuten. Kalbsfond dazugießen und alles 6 bis 7 Minuten
auf etwa 200 ml einkochen lassen. Die Speisestärke mit
wenig kaltem Wasser glatt rühren, in den Fond geben
und köcheln lassen, bis er leicht sämig bindet. Knoblauch,
Ingwer und Zitronenschale in der Sauce wenige Minuten
ziehen lassen, wieder entfernen. Zuletzt die kalte Butter
in Flöckchen unterrühren und die Sauce mit Salz und
Pfeffer würzen.

VARIANTEN Nach Belieben die Sauce verfeinern mit:
- 1 Prise Wildgewürz – für Wildfleisch
- ½ TL Brathähnchengewürz – für Hähnchen oder Pute
- ½ TL Schweinebratengewürz – für Schweinefleisch

FRISCH GEKAUFT 2 EL roter Portwein · 300 ml brauner
Kalbsfond (aus dem Glas)
AUS DEM VORRAT 50 ml Rotwein · 1 TL Speisestärke ·
1 Knoblauchzehe (in Scheiben) · 1 Scheibe Ingwer · 1 Strei-
fen unbehandelte Zitronenschale · 1–2 EL kalte Butter ·
Salz · Pfeffer aus der Mühle

**FÜR CA. 200 ML / 5 MIN. ZUBEREITUNG
+ 15 MIN. GARZEIT**

Erdnusssauce

ZUBEREITUNG Brühe, Kokosmilch oder Sahne sowie Erdnussmus in einem kleinen Topf mit einem Schneebesen verrühren, unter Rühren vorsichtig erhitzen und mit Chilisalz würzen. Die Erdnusssauce passt zu Hähnchen, Ente, Gemüse oder einem Fondue.

TIPP Mit etwas fein geriebenem Ingwer, 1 Spritzer Sojasauce und einigen Tropfen geröstetem Sesamöl bekommt die Sauce eine asiatische Note. Mit Kokosmilch und ohne Sahne ist sie übrigens vegan.

FRISCH GEKAUFT 60 g Erdnussmus (geröstet)
AUS DEM VORRAT 100 ml Gemüsebrühe (ersatzweise Hühnerbrühe) · 100 g Kokosmilch oder Sahne · mildes Chilisalz

FÜR CA. 250 ML / 5 MIN. ZUBEREITUNG

Senfsauce

ZUBEREITUNG Die Brühe in einem kleinen Topf mit der Sahne aufkochen. Beide Senfsorten unterrühren, die kalte Butter in Flöckchen dazugeben und darin zerlassen. Zuletzt die Senfsauce mit Chilisalz würzen. Sie passt zu Hähnchen, Barberie-Ente, Putenstreifen oder Fisch.

FRISCH GEKAUFT 1 EL süßer Senf
AUS DEM VORRAT 100 ml Gemüsebrühe (ersatzweise Hühnerbrühe) · 100 g Sahne · 1 EL Dijon-Senf · 1 EL kalte Butter · mildes Chilisalz

FÜR CA. 200 ML / 5 MIN. ZUBEREITUNG

Schweinefilet mit Fenchel und Paprikasauce

20
MIN. ZUBEREITUNG

20
MIN. GARZEIT

Zutaten
FÜR 4 PERSONEN

FRISCH GEKAUFT

1 rote Paprikaschote · 2 kleine Fenchelknollen

1 TL Gulaschgewürz (Fertigprodukt oder selbst gemacht; siehe Tipp S. 59)

500 g Schweinefilet

AUS DEM VORRAT

½ kleine Zwiebel · ½ TL Puderzucker

2 TL Tomatenmark

225 ml Hühnerbrühe
(ersatzweise Gemüsebrühe)

1 fein geriebene Knoblauchzehe

1 Msp. fein geriebener Ingwer

1 EL Butter · mildes Chilisalz

1–2 Msp. Räucherpaprikapulver
(Pimentón de la Vera picante)

1 Msp. abgeriebene unbehandelte
Zitronenschale

3–4 EL kalte Butter · ½ TL Öl

1 Zwiebel schälen und fein würfeln. Paprika halbieren, entkernen, waschen, schälen und würfeln. Puderzucker in einem Topf bei mittlerer Hitze hell karamellisieren und die Zwiebel darin andünsten. Paprika hinzufügen, kurz mitdünsten. Tomatenmark unterrühren und mitdünsten. 125 ml Brühe mit Knoblauch und Ingwer hinzufügen, knapp unter dem Siedepunkt etwa 15 Minuten garen.

2 Inzwischen Fenchel putzen, waschen, halbieren und durch den Strunk in ½ cm dicke Scheiben schneiden (Grün beiseitelegen). Fenchel und übrige Brühe in einem Topf mit einem Blatt Backpapier bedecken und knapp unter dem Siedepunkt 5 bis 10 Minuten garen. Fenchelgrün hacken, mit Butter unterrühren. Mit Chilisalz würzen. Räucherpaprika, Zitronenschale und Gulaschgewürz unter die Paprika rühren, mit Chilisalz würzen. Mit 2 EL kalter Butter pürieren, Sauce kurz ziehen lassen und nochmals abschmecken.

3 Währenddessen Filet in 12 Scheiben schneiden. Eine Pfanne bei mittlerer Temperatur erhitzen, das Öl darin verstreichen und das Filet darin 1 bis 2 Minuten anbraten, bis Fleischsaftperlen austreten. Wenden und braten, bis erneut Fleischsaftperlen austreten. Vom Herd nehmen, übrige kalte Butter unterrühren und das Fleisch mit Chilisalz würzen. Fenchel auf Tellern anrichten, die Paprikasauce daneben verteilen und die Schweinemedaillons drauflegen.

Schweinekoteletts mit Rote-Bete-Kraut

20 MIN. ZUBEREITUNG   **20** MIN. GARZEIT

Zutaten

FÜR 4 PERSONEN

FRISCH GEKAUFT

250 g Weißkohl

250 g Rote Beten · 75 ml Apfelsaft

4 Schweinekoteletts (à ca. 200 g)

AUS DEM VORRAT

1 kleine Zwiebel

1–2 TL Puderzucker

125 ml Hühnerbrühe
(ersatzweise Gemüsebrühe)

1 Spritzer Weißweinessig

mildes Chilisalz

gemahlener Kümmel

je 1 EL Butter und braune Butter (siehe S. 19)

½ TL Öl

Salz · Pfeffer aus der Mühle

1 EL Petersilienblätter
(frisch geschnitten oder tiefgekühlt)

1 Die Zwiebel schälen und in feine Würfel schneiden. Den Weißkohl putzen und die äußeren Blätter entfernen, den Kohl in dünne Streifen schneiden oder hobeln, den harten Strunk entfernen. Rote Beten schälen und in dünne Streifen hobeln (dabei am besten Einweghandschuhe tragen).

2 Den Puderzucker in einem Topf bei mittlerer Hitze hell karamellisieren. Zwiebelwürfel, Kohl und Rote Beten darin kurz andünsten. Apfelsaft und Brühe dazugießen, alles mit einem Blatt Backpapier bedecken und knapp unter dem Siedepunkt 10 bis 15 Minuten weich dünsten. Mit Essig, Chilisalz und 1 Prise Kümmel abschmecken. Zuletzt die Butter und die braune Butter unterrühren.

3 Inzwischen Koteletts waschen und trocken tupfen. Eine große Pfanne bei mittlerer Temperatur erhitzen, das Öl darin verstreichen und die Koteletts auf beiden Seiten je etwa 4 Minuten braten. Die Pfanne vom Herd nehmen und die Koteletts darin noch etwa 2 Minuten saftig durchziehen lassen. Mit Salz und Pfeffer würzen. Zum Servieren die Koteletts auf Teller setzen und das Rote-Bete-Kraut daneben anrichten, mit Petersilie bestreuen.

TIPP *Am besten gleich die doppelte Menge Kraut zubereiten und am nächsten Tag zum Beispiel zum Hackbraten (siehe S. 108) oder mit Bratwürsteln essen.*

Rinderfilet mit Polenta-Mandel-Püree

10 MIN. ZUBEREITUNG **15** MIN. GARZEIT

Zutaten

FÜR 4 PERSONEN

FRISCH GEKAUFT

4 Rinderfiletsteaks (je 1½ – 2 cm dick)

1 TL Steakgewürz

AUS DEM VORRAT

560–580 ml Hühnerbrühe
(ersatzweise Gemüsebrühe)

½ l Milch

1 Lorbeerblatt

1 halbierte Knoblauchzehe

125 g Instant-Polenta (Maisgrieß)

3 EL geröstete Mandelblättchen

2 EL geriebener Parmesan

4 EL braune Butter (siehe S. 19)

mildes Chilisalz

frisch geriebene Muskatnuss

½ TL Öl · 2 EL kalte Butter

1 In einem Topf ½ l Brühe mit Milch, Lorbeerblatt und Knoblauch aufkochen. Die Polenta einrieseln lassen und unter Rühren etwa 5 Minuten köcheln. Dann Mandeln, Parmesan und braune Butter unterrühren und die Polenta mit Chilisalz und Muskatnuss würzen. Zuletzt Lorbeerblatt und Knoblauch wieder entfernen, Püree warm halten.

2 Eine Pfanne bei mittlerer Temperatur erhitzen, das Öl darin verstreichen und die Steaks 1 bis 2 Minuten anbraten, bis Fleischsaftperlen austreten. Die Filetscheiben wenden und weiterbraten, bis erneut Fleischsaftperlen austreten. Die Steaks aus der Pfanne nehmen und beiseitestellen.

3 Den Bratensatz mit übriger Brühe ablöschen, das Steakgewürz dazugeben und alles etwas einkochen lassen. Vom Herd nehmen, die kalte Butter in Flöckchen unterrühren und die Würzbutter mit Chilisalz abschmecken.

4 Zum Servieren die Steaks in der Würzbutter wenden. Das Polentapüree auf Teller verteilen, die Steaks darauflegen und mit der Würzbutter beträufeln.

TIPP *Statt Rinderfilets können Sie auf diese Weise genauso Schweinefilet oder -rücken, Lammlachse, Hähnchenbrustfilets oder Putensteaks zubereiten. Zu allen Fleischsorten passt dabei auch das Polenta-Mandel-Püree.*

Mini-Hackbraten mit Debrecziner

20 MIN. ZUBEREITUNG   **25** MIN. BACKZEIT

Zutaten

FÜR 4 PERSONEN

FRISCH GEKAUFT

je 250 g Kalbs- und Schweinehackfleisch

2 Debrecziner Würstchen

200 g griech. Joghurt (10 % Fett)

AUS DEM VORRAT

½ Zwiebel · 80 g Toastbrot · 2 Eier

75–100 ml Milch · 3 TL Dijon-Senf

1 fein geriebene Knoblauchzehe

1 Msp. frisch geriebener Ingwer

mildes Chilisalz · Pfeffer aus der Mühle

frisch geriebene Muskatnuss

abgeriebene Schale von
½ unbehandelten Zitrone

½–1 TL getr. Majoran

2 EL Petersilienblätter (frisch geschnitten)

abgeriebene Schale von ½ unbehandelten
Limette · Zucker

1–2 EL Schnittlauchröllchen (frisch geschnitten)

1 Den Backofen auf 200 °C vorheizen. Ein Backblech mit Backpapier belegen. Zwiebel schälen, fein würfeln und in einer Pfanne mit 100 ml Wasser weich garen, bis die Flüssigkeit eingekocht ist. Toastbrot in Würfel schneiden und in eine Schüssel geben. Eier mit 50 ml Milch, 2 TL Senf, Knoblauch, Ingwer, Chilisalz, Pfeffer, 1 Prise Muskatnuss und Zitronenschale verquirlen. Über das Toastbrot gießen, gut untermischen und wenige Minuten ziehen lassen.

2 Beide Hackfleischsorten mit dem eingeweichten Toastbrot, Zwiebel, Majoran und Petersilie mischen. Debrecziner halbieren. Die Hackmasse in 4 Portionen teilen, jede Portion mit angefeuchteten Händen um 1 Debreczinerhälfte zu einem kleinen ovalen Laib formen. Hackbraten nebeneinander auf das Blech setzen, Oberflächen mehrmals kreuzweise etwa ½ cm tief einschneiden. Die Hackbraten im Ofen auf der unteren Schiene etwa 25 Minuten braten.

3 Inzwischen für die Schnittlauchsauce den Joghurt mit übriger Milch (Menge je nach gewünschter Konsistenz der Sauce), restlichem Senf und Limettenschale glatt rühren. Den Schnittlauch untermischen und die Schnittlauchsauce mit Chilisalz und 1 Prise Zucker abschmecken. Die Hackbraten aus dem Ofen nehmen und auf Teller setzen, dabei nach Belieben vorher in Scheiben schneiden. Die Schnittlauchsauce dazu reichen.

Lachsforelle auf Meerrettichwirsing

10 MIN. ZUBEREITUNG **15** MIN. GARZEIT

Zutaten

FÜR 4 PERSONEN

FRISCH GEKAUFT

½ Wirsing

500 g Lachsforellenfilets (mit Haut)

AUS DEM VORRAT

Salz

1 EL Öl

2 EL doppelgriffiges Mehl
(Instant- oder Spätzlemehl)

80–100 g Sahne

1–2 EL Sahnemeerrettich
(aus dem Glas)

2 EL kalte Butter

mildes Chilisalz

frisch geriebene Muskatnuss

1 TL Petersilienblätter
(frisch geschnitten oder tiefgekühlt)

1 Den Wirsing putzen, waschen und den harten Strunk entfernen. Wirsing in einzelne Blätter teilen und die Blätter halbieren, dabei die Blattrippen entfernen. Die Wirsingblätter in kochendem Salzwasser etwa 5 Minuten bissfest garen. In ein Sieb abgießen, kalt abschrecken und gut abtropfen lassen. Mit den Händen das übrige Wasser ausdrücken, Wirsing in 1 bis 2 cm große Stücke schneiden.

2 Die Forellenfilets waschen, trocken tupfen und in 8 Stücke schneiden. Das Öl in einer Pfanne erhitzen. Die Fischstücke mit der Haut in das doppelgriffige Mehl tauchen und im Öl auf der Hautseite bei mittlerer Hitze etwa 3 Minuten kross braten. Dann wenden, die Pfanne vom Herd nehmen und den Fisch in der Nachhitze der Pfanne 1 bis 2 Minuten saftig und glasig durchziehen lassen.

3 Währenddessen den Wirsing mit der Sahne in einer Pfanne erhitzen. Sahnemeerrettich und kalte Butter in Flöckchen dazugeben, mit Chilisalz und 1 Prise Muskatnuss würzen und zuletzt die Petersilie untermischen. Zum Servieren die Fischstücke aus der Pfanne nehmen, auf Küchenpapier abtropfen lassen und mit Chilisalz würzen. Den Wirsing auf Teller verteilen, den Fisch daraufsetzen.

TIPP *Sie können auch gleich alle Wirsingblätter blanchieren und die andere Hälfte erst am nächsten Tag verarbeiten.*

Ofenlachs
mit Gurken-Joghurt-Salat

10 MIN. ZUBEREITUNG   **20** MIN. BACKZEIT

1 Den Backofen auf 80 °C vorheizen. Ein Backblech mit Backpapier belegen. Das Lachsfilet waschen, trocken tupfen und in 8 Stücke schneiden. Die Fischstücke nebeneinander auf das Backblech legen, mit Frischhaltefolie bedecken und im Ofen auf der mittleren Schiene etwa 20 Minuten saftig durchgaren. Herausnehmen, mit Olivenöl bestreichen und mit Chilisalz würzen, ggf. warm halten.

2 Inzwischen die Gurken waschen und auf der Gemüsereibe in dünne Scheiben hobeln. In einer Schüssel mit etwas Salz, Pfeffer und 1 Prise Zucker würzen und wenige Minuten ziehen lassen.

3 Den eingelegten Ingwer in Streifen schneiden und mit Einlegefond und Essig zu den Gurken geben. Nochmals wenige Minuten ziehen lassen, dann die ausgetretene Flüssigkeit von den Gurken abgießen und beiseitestellen. Den Joghurt mit etwa 3 EL Gurkensaft glatt rühren, mit Gurken und Dill mischen und den Gurkensalat mit Chilisalz abschmecken. Die Lachsfilets auf Teller setzen und den Gurkensalat daneben anrichten.

TIPP *Der Lachs wird hier unter der Frischhaltefolie bei niedriger Temperatur im Ofen gegart – so kann man auch andere Fischfilets wie beispielsweise Rotbarsch, Kabeljau, Zander, Lachsforelle, Forelle oder Saibling zubereiten.*

Zutaten
FÜR 4 PERSONEN

FRISCH GEKAUFT

500 g Lachsfilet

2 kleine Salatgurken

1 EL eingelegte Ingwerscheiben
mit 1 EL Ingwereinlegefond

200 g griech. Joghurt (10 % Fett)

AUS DEM VORRAT

1–2 EL mildes Olivenöl

mildes Chilisalz

Salz · Pfeffer aus der Mühle

Zucker

1 TL Weißweinessig

1 EL Dillspitzen
(frisch geschnitten oder tiefgekühlt)

Rotbarsch auf Pak-Choi-Paprika-Gemüse

10 MIN. ZUBEREITUNG **15** MIN. GARZEIT

Zutaten

FÜR 4 PERSONEN

FRISCH GEKAUFT

400 g Pak Choi

2 rote Paprikaschoten

200 g Austernpilze

2 EL Koriandergrün (frisch geschnitten)

4 Rotbarschfilets (à ca. 125 g)

AUS DEM VORRAT

2 TL Öl

200 ml Hühnerbrühe
(ersatzweise Gemüsebrühe)

4 Knoblauchzehen (in Scheiben)

2 EL Ingwer (in feinen Streifen)

5 EL Sojasauce

1 TL mildes Currypulver

mildes Chilisalz

1–2 TL Speisestärke

40 g kalte Butter

1 Pak Choi putzen, waschen und trocken tupfen, grüne Blätter von weißen Stielen trennen und beides getrennt quer in etwa 1 cm breite Streifen schneiden. Paprikas halbieren, entkernen, waschen, sechsteln und quer in etwa ½ cm breite Streifen schneiden. Pilze putzen, trocken abreiben und längs in etwa 1 cm breite Streifen zupfen.

2 Eine Pfanne bei mittlerer Temperatur erhitzen, 1 TL Öl darin verstreichen und weiße Pak-Choi-Streifen darin etwa 2 Minuten anbraten, herausnehmen. Paprikas darin kurz andünsten, Brühe mit Knoblauch und Ingwer hinzufügen, alles mit einem Blatt Backpapier bedecken und knapp unter dem Siedepunkt etwa 4 Minuten garen. Beide Pak-Choi-Sorten mit Pilzen dazugeben und erhitzen. Mit Sojasauce, Curry und Chilisalz abschmecken. Stärke mit kaltem Wasser glatt rühren. Gemüse in der Pfanne zur Seite schieben, angerührte Stärke in die Sauce geben und sämig binden. Gemüse, Koriander und kalte Butter unterrühren.

3 Währenddessen Fisch waschen und trocken tupfen. Pfanne erhitzen, übriges Öl darin verstreichen, Fisch 2 bis 3 Minuten anbraten, wenden und noch 2 Minuten braten. Vom Herd nehmen, in der Nachhitze der Pfanne 2 Minuten saftig durchziehen lassen. Fisch auf Küchenpapier abtropfen lassen und mit Chilisalz würzen. Gemüse und Fisch anrichten, nach Belieben mit geröstetem Sesam bestreuen.

Flotte Fische

Hier finden Sie zwei Grundrezepte, die sich für viele Fischsorten eignen. Einfach in den Ofen schieben ... geht fast von allein!

Forelle in der Folie

ZUBEREITUNG Den Backofen auf 160 °C vorheizen. Die Forellen innen und außen waschen, trocken tupfen und mit Chilisalz würzen. Petersilie waschen und trocken tupfen. Vier Bogen Alufolie mit brauner Butter bestreichen und die kalte Butter in Flöckchen darauf verteilen. Die Forellen jeweils mittig auf die Folien legen und mit 1 Petersilienstiel, je 1 Scheibe Ingwer, Knoblauch und Zitrone füllen. Die Alufolie über den Fischen zusammenfalten und verschließen. Fische im Ofen auf der mittleren Schiene etwa 30 Minuten garen. Sie sind gar, wenn sich die Rückenflosse herausziehen lässt. Ganze Zitrone heiß waschen, trocken abreiben, in Spalten schneiden und zum Fisch servieren. Chilisalz zum Nachwürzen dazu reichen. Dazu passen Salzkartoffeln, Salat, Möhren, Erbsen, grüne Bohnen sowie braune Butter.

FRISCH GEKAUFT 4 Forellen (à ca. 300 g)
AUS DEM VORRAT mildes Chilisalz · 4 Petersilienstiele · 4 EL flüssige braune Butter (siehe S. 19) · 30 g kalte Butter · 4 Scheiben Ingwer · 4 Scheiben Knoblauch · 4 Scheiben unbehandelte Zitrone (je ½ cm dick) · 1 unbehandelte Zitrone

FÜR 4 PERSONEN / 5 MIN. ZUBEREITUNG + 30 MIN. GARZEIT

Gratiniertes Zanderfilet

ZUBEREITUNG Den Backofengrill vorheizen. Ein Backblech leicht mit Öl einfetten. Für die Gratinierbutter das
Toastbrot zerkleinern und im Blitzhacker zu Bröseln
mahlen. Die weiche Butter schaumig rühren und Senf,
Meerrettich, Zitronenschale, Petersilie und Toastbrotbrösel
unterrühren. Mit Chilisalz und Pfeffer würzen. Das Fischfilet waschen, trocken tupfen und in 4 Stücke schneiden.
Mit Chilisalz würzen, auf das Backblech setzen und mit der
Gratinierbutter etwa ½ cm hoch bestreichen. Den Fisch
im Ofen auf der unteren Schiene etwa 4 Minuten auf Sicht
goldbraun überbacken. Das Backblech etwas aus dem Ofen
ziehen und die Zanderfilets bei geöffneter Backofentür
noch 1 bis 2 Minuten nachziehen lassen.

FRISCH GEKAUFT 500 g Zanderfilet
AUS DEM VORRAT Öl fürs Blech · 45 g Toastbrot (ersatzweise 20–25 g Weißbrotbrösel) · 125 g weiche Butter ·
2 TL Dijon-Senf · 1 geh. EL geriebener Meerrettich (aus dem
Glas) · ½ TL abgeriebene unbehandelte Zitronenschale ·
1 EL Petersilienblätter (frisch geschnitten oder tiefgekühlt) ·
mildes Chilisalz · Pfeffer aus der Mühle

**FÜR 4 PERSONEN / 10 MIN. ZUBEREITUNG
+ 6 MIN. GARZEIT**

TIPP Die Gratinierbutter eignet sich auch für andere
Fischsorten. Sie können sie gleich in größerer Menge
auf Vorrat zubereiten und im Kühlschrank mehrere
Wochen aufbewahren (alternativ im Tiefkühlfach einfrieren). Die Gratinierbutter dazu am besten mithilfe
von Backpapier zu einer 2 bis 3 cm dicken Rollen
formen, so kann man später mit einem Sägemesser
leicht etwa ½ cm dicke Scheiben abschneiden.

Kabeljau mit mediterranem Grillgemüse

10 MIN. ZUBEREITUNG   **10** MIN. GARZEIT   **15** MIN. BACKZEIT

Zutaten
FÜR 4 PERSONEN

FRISCH GEKAUFT

4 Kabeljaufilets (à ca. 125 g)

1 Zucchini

1 kleine Fenchelknolle

je 1 rote und gelbe Paprikaschote

4 Zweige Rosmarin (ersatzweise Thymian)

AUS DEM VORRAT

mildes Chilisalz

8 EL mildes Olivenöl

abgeriebene Schale von 1 unbehandelten Limette

100 ml Hühnerbrühe
(ersatzweise Gemüsebrühe)

2 Knoblauchzehen (in Scheiben)

2 Scheiben Ingwer

je 1 Streifen unbehandelte Zitronen- und Orangenschale

1 Den Backofen auf 100 °C vorheizen. Ein Backblech mit Backpapier belegen. Die Kabeljaufilets waschen, trocken tupfen und nebeneinander auf das Blech legen. Die Fischstücke mit Frischhaltefolie bedecken und im Ofen auf der mittleren Schiene etwa 15 Minuten saftig durchgaren. Herausnehmen und mit Chilisalz würzen, ggf. warm halten. Inzwischen 5 EL Olivenöl und Limettenschale verrühren.

2 Währenddessen Zucchini putzen, waschen, längs halbieren und in Scheiben schneiden. Fenchel putzen, waschen, halbieren und in etwa 3 mm dünne Scheiben schneiden. Paprikas halbieren, entkernen, waschen und in 2 cm große Stücke schneiden. Rosmarin waschen und trocken tupfen.

3 Zucchini, Fenchel und Paprikas nacheinander in einer Grillpfanne in wenig Olivenöl anbraten. Am Ende alle Gemüsesorten wieder in die Pfanne geben, Brühe mit Knoblauch, Ingwer, Zitronen- und Orangenschale und Rosmarin hinzufügen und alles mit Chilisalz würzen.

4 Zum Servieren den Fisch mit Limettenöl bestreichen. Grillgemüse und Kabeljaufilets auf Teller verteilen.

TIPP *Wer will, bereitet gleich die doppelte Menge Gemüse zu und serviert es am nächsten Tag mit Kartoffeln als Gröstl mit Spiegelei und gebratenen Chorizo-Scheiben.*

KAPITEL 6

Süßes & Desserts

Auch wenn es schnell gehen muss: Das süße Finale darf nicht fehlen – wie wär's mit diesen Desserts und Kuchen?

Blitz-Tiramisu mit Amaretto

15
MIN. ZUBEREITUNG

Zutaten

FÜR 4 BIS 6 PERSONEN

FRISCH GEKAUFT

250 g Mascarpone

2 EL Amaretto (z. B. italien. Mandellikör)

150 g Löffelbiskuits

AUS DEM VORRAT

60 g Zucker

Salz

200 g Sahne

200 ml Kaffee

1–2 EL Kakaopulver

1 Die Mascarpone in einer Rührschüssel mit dem Zucker und 1 Prise Salz mit einem Schneebesen glatt rühren. Die Sahne mit den Quirlen des Handrührgeräts steif schlagen. Ein Drittel der Sahne mit einem Schneebesen unter die Mascarponecreme rühren, den Rest mit einem Teigschaber vorsichtig unterheben.

2 Den Kaffee mit dem Likör in einem tiefen Teller mischen. Die Hälfte der Löffelbiskuits nacheinander in die Kaffeemischung tauchen und nebeneinander in eine Auflaufform (ca. 20 x 30 cm) legen. Die Hälfte der Creme darauf verstreichen.

3 Anschließend die übrigen Löffelbiskuits ebenso in die Kaffeemischung tauchen, auf der ersten Schicht verteilen und die übrige Mascarponecreme darauf glatt verstreichen.

4 Das Tiramisu nach Belieben sofort servieren oder vorher noch einige Zeit kühl stellen. Zum Servieren den Kakao über das Tiramisu sieben.

Gegrillte Früchte mit Limettenjoghurt

10 MIN. ZUBEREITUNG   **10** MIN. GARZEIT

Zutaten
FÜR 4 PERSONEN

FRISCH GEKAUFT

½ Ananas (geputzt ca. 450 g)

800 g Wassermelone

400 g griech. Joghurt (10 % Fett)

AUS DEM VORRAT

abgeriebene Schale von
1 unbehandelten Limette

2–4 TL Limettensaft

6 TL mildes Olivenöl

1–2 EL Zucker

1 TL Öl zum Grillen

1 Die Ananas schälen und in etwa 1 cm dicke Scheiben schneiden, dabei den Strunk entfernen bzw. ausstechen. Die Wassermelone schälen und das Fruchtfleisch ebenfalls in etwa 1 cm dicke Scheiben schneiden. Den Joghurt mit Limettenschale und -saft sowie 2 TL Olivenöl verrühren und mit Zucker abschmecken.

2 Eine Grillpfanne erhitzen und jeweils etwas Öl darin verstreichen. Dann nacheinander die Ananas- und Melonenscheiben auf beiden Seiten 1 bis 2 Minuten grillen. Herausnehmen und auf Teller verteilen.

3 Zum Servieren die Ananas- und Melonenstücke mit dem übrigen Olivenöl beträufeln und auf Dessertteller setzen, den Limettenjoghurt darum herumträufeln.

VARIANTE *Auch super zum Limettenjoghurt – karamellisierte Apfelspalten: dafür 1 rotschaligen Apfel waschen, vierteln, entkernen und in Spalten schneiden. 1–2 TL Puderzucker in einer Pfanne bei mittlerer Hitze hell karamellisieren und die Apfelspalten darin auf beiden Seiten andünsten. 1 EL Butter dazugeben und zerlassen.*
Genauso können Sie Birnen-, Pflaumen-, Aprikosen- und Pfirsichspalten oder Kirschhälften karamellisieren. Auch Quittenspalten schmecken ausgezeichnet, brauchen aber etwas länger, weshalb Sie mit milder Hitze arbeiten sollten.

Bratäpfel mit Marzipanfüllung

10 MIN. ZUBEREITUNG **40** MIN. BACKZEIT

1 Den Backofen auf 175 °C vorheizen. Die Orange heiß waschen, trocken reiben und 1 Msp. Schale fein abreiben, die Orange beiseitelegen. Das Marzipan mit Orangenschale und Rum zu einer glatten Masse mischen und das Granola mit der Sahne untermischen.

2 Die Äpfel waschen, oben jeweils eine kleine Kappe samt Stiel abschneiden und beiseitelegen. Aus den Äpfeln jeweils das Kerngehäuse ausstechen und je ein Viertel der Marzipan-Granola-Masse in den Hohlraum füllen.

3 Die Äpfel nebeneinander in eine Auflaufform setzen, die Kappen daraufsetzen und mit der kalten Butter in Flöckchen belegen. Zucker und Zimt mischen und über die Äpfel streuen. Beiseitegelegte Orange halbieren und auspressen, den Saft mit dem Wein in die Form gießen. Die Bratäpfel im Ofen auf der unteren Schiene 30 bis 40 Minuten garen.

4 Herausnehmen und die Bratflüssigkeit nach Bedarf noch etwas nachsüßen. Zum Servieren die Bratäpfel auf Teller setzen und mit der Bratflüssigkeit beträufeln.

TIPP *Dazu passen Vanillesauce sowie Schlagsahne oder eine Kugel Eis (Walnusseis, Krokanteis, Vanilleeis). Wer auf Alkohol verzichten möchte, nimmt anstelle von Rum Sahne oder statt Wein die gleiche Menge Apfelsaft.*

Zutaten

FÜR 4 PERSONEN

FRISCH GEKAUFT

70 g Marzipanrohmasse

3 EL Granola-Müsli
(Fertigprodukt oder selbst gemacht;
siehe Tipp S. 126)

4 mittelgroße säuerliche Äpfel
(z. B. Elstar oder Jonathan)

AUS DEM VORRAT

1 unbehandelte Orange

2 EL brauner Rum

1 EL Sahne

1 EL kalte Butter

1 EL Zucker (evtl. etwas mehr)

1–2 Msp. Zimtpulver

50 ml Rot- oder Weißwein

Früchtequark mit Granola

Zutaten

FÜR 4 PERSONEN

FRISCH GEKAUFT

500 g Magerquark

2 EL Omega-3-Öl (z. B. Leinöl)

200 g gemischte Beeren (z. B. Blaubeeren, Brombeeren, Himbeeren, Johannisbeeren) oder andere Früchte

4 EL Granola-Müsli (Fertigprodukt oder selbst gemacht; siehe Tipp)

AUS DEM VORRAT

200 ml Milch

1 TL Frühstücksquarkgewürz (ersatzweise je 1 Prise Zimtpulver, gemahlener Kardamom, Kurkuma und Ingwer, Pfeffer und Vanillepulver)

4 EL Ahornsirup oder 1 EL Honig

1 Die Milch in einem kleinen Topf mit dem Frühstücksquarkgewürz verrühren und erwärmen (nicht kochen!). Quark in einem hohen Rührbecher mit der Gewürzmilch mischen und Ahornsirup oder Honig sowie Öl hinzufügen.

2 Alles mit dem Stabmixer so lange durchrühren, bis eine glatte, glänzende Masse entstanden ist. Die Beeren verlesen, waschen und trocken tupfen (Früchte waschen, ggf. entkernen und in kleine Stücke schneiden). Quark auf Dessertschalen verteilen und mit den Beeren oder Früchten belegen. Zum Servieren das Granola-Müsli darüberstreuen.

TIPP *Das Granola lässt sich ganz einfach selbst machen: Für etwa 300 g ein Backblech mit Backpapier belegen. 50 g Apfelmus, 20 g Honig, 2 EL flüssige Butter, ½–1 TL Frühstücksquarkgewürz und ¼ TL Salz verrühren. 75 g gemischte Nüsse und Saaten (z. B. Pekannuss-, Haselnuss-, Macadamia-, Kürbiskerne, Mandeln – große Exemplare grob hacken) mit 200 g Vollkornflocken (z. B. Dinkel, Hafer, Weizen, Einkorn, Emmer, Gerste) und 1 Handvoll Kokoschips oder -raspeln unter den Apfelmusmix rühren. Alles auf dem Blech gleichmäßig verteilen und im Ofen bei 150 °C (Umluft) auf der unteren Schiene 20 bis 25 Minuten backen, dabei mehrmals wenden. Herausnehmen, abkühlen lassen und nach Belieben bis zu 100 g Trockenfrüchte untermischen. Das Granola gut verschlossen aufbewahren.*

Minuten-Mousse

Diese verführerischen Cremes können Sie auch noch zubereiten, wenn die Gäste fast schon vor der Haustür stehen!

Schokomousse mit Birnen

ZUBEREITUNG Kuvertüre hacken, in einer Metallschüssel über dem heißen Wasserbad unter Rühren schmelzen und beiseitestellen. Ei und Zucker in einer weiteren Metallschüssel über dem heißen Wasserbad mit einem Schneebesen hellschaumig aufschlagen. Vom Wasserbad nehmen und die flüssige Kuvertüre nach und nach mit den Quirlen des Handrührgeräts unterrühren. Den Rum dazugeben und alles etwa 10 Minuten abkühlen lassen. Inzwischen die Sahne halbsteif schlagen, ein Drittel mit einem Schneebesen unterrühren, den Rest mit einem Teigschaber unterheben. Birne waschen, vierteln, entkernen und quer in ½ bis 1 cm breite Stücke schneiden. Cookies in grobe Stücke brechen. Schokomousse abwechselnd mit Birne und Cookies in Dessertgläser schichten.

FRISCH GEKAUFT 100 g Zartbitterkuvertüre (mind. 70 % Kakaoanteil) · 1 große reife Birne · 8 Hafer-Cookies (ersatzweise Chocolate-Chips-Cookies oder Spekulatius)
AUS DEM VORRAT 1 kleines Ei · 1 TL Zucker · 1–2 EL brauner Rum · 200 g Sahne

FÜR 4 PERSONEN / 15 MIN. ZUBEREITUNG + 10 MIN. KÜHLZEIT

Topfenmousse mit Baiser

ZUBEREITUNG Sahne mit Zucker und Vanillezucker steif schlagen. Quark mit 1 Prise Salz glatt rühren, ein Drittel der Sahne unterrühren, Rest mit einem Teigschaber unterheben. Baiser in einem Gefrierbeutel mit dem Nudelholz zerbröseln (Müsliriegel klein schneiden). Mousse abwechselnd mit Beeren und Baiser in Gläser schichten.

FRISCH GEKAUFT 125 g Magerquark · 150 g Baiser (oder Müsliriegel) · 200 g tiefgekühlte Himbeeren (aufgetaut; ersatzweise andere Früchte, außer Kiwi und Ananas)
AUS DEM VORRAT 200 g Sahne · 1 EL Zucker · 2 TL Vanillezucker · Salz

ZUTATEN FÜR 4 PERSONEN / 10 MIN. ZUBEREITUNG

Stracciatella-Orangen-Mousse

ZUBEREITUNG Orangen so schälen, dass auch die weiße Haut mit entfernt wird. Filets herausschneiden und auf Dessertgläser verteilen. Gelatine in kaltem Wasser einweichen. Milch, 50 g Sahne, Zucker und Orangenschale aufkochen, durch ein Sieb gießen. Gelatine ausdrücken und in der Milch auflösen, bis zum Gelierstart abkühlen lassen – am besten etwa 10 Minuten auf Eiswasser. Inzwischen übrige Sahne halbsteif schlagen, mit Schokospänen unter die Creme heben und auf den Orangen verteilen.

FRISCH GEKAUFT 2 Orangen · 40 g Bitterschokospäne
AUS DEM VORRAT 2 Blatt Gelatine · 100 ml Milch · 200 g Sahne · 2 EL Zucker · 1 Msp. abger. unbeh. Orangenschale

FÜR 4 PERSONEN / 20 MIN. ZUBEREITUNG + 10 MIN. KÜHLZEIT

TIPP

Jede Mousse lässt sich bereits am Vorabend zubereiten und im Kühlschrank aufbewahren. Erst kurz vor dem Servieren mit Obst und/oder Gebäck in Gläser schichten.

Blätterteigtörtchen mit Vanillecreme

20 MIN. ZUBEREITUNG **15** MIN. BACKZEIT **5** MIN. KÜHLZEIT

1 Puddingpulver mit 100 ml Milch und Eigelben glatt rühren. Übrige Milch mit Sahne, Zucker, Vanillezucker, 1 Prise Salz und Zitronenschale in einem Topf einmal aufkochen, Zitronenschale entfernen. Eigelbmischung mit einem Schneebesen unterrühren und kurz köcheln lassen. Puddingcreme in eine Schüssel füllen, mit einem Blatt Backpapier bedecken und 10 bis 15 Minuten abkühlen lassen.

2 Inzwischen Backofen auf 220 °C vorheizen. Die Mulden eines Muffinblechs mit Butter einfetten und mit Zucker ausstreuen. Blätterteigplatten auf der leicht gezuckerten Arbeitsfläche jeweils etwas größer ausrollen und 12 Kreise von je 12 cm Durchmesser ausstechen (siehe Tipp). Jeweils mit einer Gabel mehrmals einstechen und so in die Mulden setzen, dass ein Rand von etwa ½ cm übersteht.

3 Pudding gleichmäßig auf die Mulden verteilen. Törtchen im Ofen auf der unteren Schiene etwa 15 Minuten backen. Aus dem Ofen nehmen und etwa 5 Minuten abkühlen lassen, vorsichtig aus den Formen lösen. Zum Servieren mit Puderzucker bestäuben. Möglichst frisch servieren.

TIPP *Teigreste einfach aufeinanderlegen, etwa 10 Minuten kühl stellen, ausrollen und anderweitig verwenden: zum Beispiel in Streifen schneiden und im Ofen etwa 10 Minuten knusprig backen. Passen gut zu Mousse (siehe S. 128 ff.).*

Zutaten
FÜR 12 STÜCK

FRISCH GEKAUFT
5 Eigelb (Eiweiße lassen sich gut einfrieren)

450 g Blätterteig (gekühlt)

AUS DEM VORRAT
1 geh. EL Vanillepuddingpulver

¼ l Milch

200 g Sahne

50 g Zucker

20 g Vanillezucker

Salz

1 Streifen unbehandelte Zitronenschale

Butter für das Muffinblech

ca. 80 g Zucker für das Muffinblech und zum Ausrollen

Puderzucker zum Bestäuben

Schneller Käsekuchen

15 MIN. ZUBEREITUNG **40** MIN. BACKZEIT **30** MIN. KÜHLZEIT

1 Den Backofen auf 175 °C vorheizen. Die Butterkekse in einem Gefrierbeutel mit dem Nudelholz zu Bröseln zerkleinern. Die Brösel in einer Schüssel mit der flüssigen Butter mischen, dann die Bröselmasse gleichmäßig auf dem Boden der Springform verteilen und fest andrücken.

2 Den Frischkäse mit Quark, Sahne, Eiern und Vanillepuddingpulver in einer Rührschüssel mit den Quirlen des Handrührgeräts glatt rühren und die Masse mit Ingwer, Orangenschale, Zucker und 1 Prise Salz mischen.

3 Die Käsemasse auf dem Keksboden in der Springform verteilen und glatt streichen. Den Käsekuchen im Ofen auf der unteren Schiene 35 bis 40 Minuten backen. Falls er zu dunkel wird, zwischendurch mit Alufolie abdecken.

4 Den Käsekuchen aus dem Ofen nehmen und vor dem Servieren mindestens 30 Minuten abkühlen lassen.

TIPP *Der Kuchen schmeckt auch gut gekühlt hervorragend – und der Bröselboden ist dann noch stabiler.*

Zutaten
FÜR 1 SPRINGFORM (26 CM DURCHMESSER)

FRISCH GEKAUFT

200 g Butterkekse

300 g Frischkäse (Doppelrahmstufe)

250 g Magerquark

AUS DEM VORRAT

125 g flüssige Butter

150 g Sahne · 2 Eier

1 Pck. Vanillepuddingpulver

1 TL fein geriebener Ingwer

1 TL abgeriebene unbehandelte Orangenschale

150 g Zucker · Salz

Schokoladentarte mit Rum

15 MIN. ZUBEREITUNG   **20** MIN. BACKZEIT

Zutaten
**FÜR 1 SPRINGFORM
(26 CM DURCHMESSER)**

FRISCH GEKAUFT

150 g Zartbitterkuvertüre
(mind. 70% Kakaoanteil)

150 g weiche Butter

AUS DEM VORRAT

weiche Butter und Mehl für die Form

150 g Puderzucker

2 EL Kakaopulver

1 EL Vanillezucker

1 EL brauner Rum

4 Eier

Salz

50 g Mehl

1 Den Backofen auf 180 °C vorheizen. Die Springform mit Butter einfetten und mit Mehl ausstäuben. Die Kuvertüre hacken und in einer Metallschüssel über dem heißen Wasserbad schmelzen, dabei nicht zu heiß werden lassen (noch schneller geht's im Mikrowellenherd: einfach mehrmals nacheinander bei ca. 600 Watt etwa 1 Minute erhitzen und dazwischen immer wieder umrühren!).

2 Weiche Butter in einer Rührschüssel mit dem Puderzucker mit den Quirlen des Handrührgeräts cremig aufschlagen. Flüssige Kuvertüre nach und nach in die Buttermasse rühren. Kakao, Vanillezucker und Rum dazugeben und untermischen. Eier trennen, die Eigelbe nach und nach unterrühren und die Masse cremig aufschlagen. Die Eiweiße mit 1 Prise Salz cremig schlagen, zuletzt den Eischnee mit dem Mehl mit einem Teigschaber vorsichtig unter die Schokomasse heben.

3 Die Masse in die Form füllen und verstreichen. Die Tarte im Ofen auf der unteren Schiene etwa 20 Minuten backen (sie fühlt sich dann noch weich an und behält idealerweise nach dem Abkühlen einen cremigen Kern). Aus dem Ofen nehmen und lauwarm oder kalt servieren.

TIPP *Nach Belieben die doppelte Menge in einem tiefen Backblech backen, zum Servieren in Quadrate schneiden.*

Beeren-Crumble mit Chia-Samen

10 MIN. ZUBEREITUNG **25** MIN. BACKZEIT **10** MIN. KÜHLZEIT

1 Den Ingwer mit der flüssigen Butter verrühren. Das Mehl in einer Schüssel mit Chia-Samen, gehackten Mandeln, Zucker, Vanillezucker, 1 Prise Salz, Orangenschale und der Ingwerbutter mit den Händen krümelig verreiben. Die Streusel etwa 10 Minuten kühl stellen.

2 Inzwischen den Backofen auf 180 °C vorheizen. Die kleinen Auflaufförmchen (oder 1 große Auflaufform) mit Butter einfetten. Die Äpfel vierteln, schälen, entkernen und in Spalten schneiden. Die Apfelspalten mit den tiefgekühlten Beeren in den Förmchen verteilen (frische Beeren vorher verlesen, waschen und trocken tupfen) und die Streusel darüberstreuen.

3 Die Crumbles im Ofen auf der mittleren Schiene 20 bis 25 Minuten goldbraun backen. Herausnehmen, kurz abkühlen lassen und nach Belieben mit Schlagsahne, Vanilleeis oder Vanillesahne (siehe S. 138) servieren.

TIPP *Für die Streusel können Sie einen Teil der Mandeln und Chia-Samen durch Mohn- oder Sesamsamen sowie Haferflocken oder Müsli ersetzen. Wer will, bereitet den Streuselteig bereits einen oder sogar mehrere Tage vorher zu – er lässt sich gut verschlossen im Kühlschrank aufbewahren oder sogar mehrere Monate im Tiefkühlfach einfrieren.*

Zutaten

FÜR 4 KLEINE AUFLAUFFÖRMCHEN (À CA. 250 ML INHALT)

FRISCH GEKAUFT

35 g gehackte Mandeln
(ersatzweise andere gehackte Nüsse)

2–3 Äpfel (ersatzweise Birnen)

AUS DEM VORRAT

1 TL fein geriebener Ingwer

50 g flüssige Butter

70 g Mehl

1 EL Chia-Samen

45 g Zucker

1 TL Vanillezucker · Salz

½ TL abgeriebene unbehandelte
Orangenschale

weiche Butter für die Förmchen

200 g gemischte tiefgekühlte Beeren
(ersatzweise frische Beeren)

Pancakes mit Beeren und Vanillesahne

5 MIN. ZUBEREITUNG   **10** MIN. GARZEIT

Zutaten

FÜR 4 PERSONEN

FRISCH GEKAUFT

100 g Blaubeeren (frisch oder tiefgekühlt)

AUS DEM VORRAT

175 g Mehl

2–3 TL Backpulver

125 ml Milch

4 EL Ahornsirup

1 ½ EL Vanillezucker

½ TL Frühstücksquarkgewürz
(ersatzweise je 1 Prise Zimtpulver,
gemahlener Kardamom, Kurkuma und Ingwer,
Pfeffer und Vanillepulver)

½ TL abgeriebene unbehandelte Zitronenschale

1 Ei · Salz

1 EL Öl · 1 EL Butter zum Braten

200 g Sahne · 1 EL Zucker

Ahornsirup zum Beträufeln
(ersatzweise Puderzucker zum Bestäuben)

1 Für den Teig Mehl und Backpulver mischen und mit der Milch mit einem Schneebesen zu einem dickflüssigen Teig verrühren. Ahornsirup, 1 EL Vanillezucker, Frühstücksquarkgewürz, Zitronenschale, Ei, 1 Prise Salz und Öl hinzufügen und alles glatt rühren. Beeren verlesen, waschen und trocken tupfen (tiefgekühlte Beeren direkt verwenden).

2 Eine Pfanne bei mittlerer Temperatur erhitzen, ½ bis 1 TL Butter darin schmelzen und jeweils 4 Pancakes aus 2 EL Teig nebeneinander in die Pfanne setzen. Die Hälfte der Blaubeeren locker darüberstreuen, dabei leicht in den Teig drücken. Die Pancakes goldbraun braten, wenden und auf der zweiten Seite ebenfalls goldbraun braten. Herausnehmen und warm halten. Aus dem restlichen Teig auf dieselbe Weise noch 4 Pancakes backen.

3 Die Sahne mit Zucker und übrigem Vanillezucker sämig aufschlagen. Zum Servieren die Pancakes mit Ahornsirup beträufeln und die Vanillesahne dazu reichen.

TIPP *Für herzhafte Pancakes aus Mehl, Backpulver, Milch, Ei und Öl einen Teig anrühren, mit gehackten Kräutern oder Zatar (arab. Gewürzmischung; ersatzweise getr. Bohnenkraut), Chilisalz und frisch geriebener Muskatnuss würzen. Pancakes wie beschrieben backen und nach Belieben mit Räucherlachs und Meerrettichdip (siehe S. 30) servieren.*

Menüvorschläge

Vor allem wenn Gäste kommen, möchte man
nicht mehr ewig in der Küche stehen. Deshalb habe
ich Ihnen auf den nächsten Seiten fünf Menüs aus
den Rezepten im Buch zusammengestellt, bei denen
Sie garantiert noch entspannt dem Besuch die Tür
öffnen können. Außerdem finden Sie überall Ideen,
wie Sie die drei Gänge am besten organisieren –
für ein entspanntes Zeitmanagement.

Vegetarisch

2

3

1. VORSPEISE

Möhren-Ingwer Suppe

↓

SEITE 50

Vorkochen, zum Servieren erhitzen und abschmecken.

2. HAUPTSPEISE

Polentataler auf Rahmspinat

↓

SEITE 83

Taler formen, Spinat vorbereiten und alles erst kurz vor dem Servieren garen.

3. DESSERT

Stracciatella-Mousse

↓

SEITE 129

Mousse am Vortag zubereiten, Orangen zum Servieren frisch filetieren.

Frisch

1. VORSPEISE

Erbsensuppe

↓

SEITE 51

Suppe frisch kochen – nur so hat sie die schöne grüne Farbe.

2. HAUPTSPEISE

Ofenlachs mit Gurken-Joghurt-Salat

↓

SEITE 113

Salat früher zubereiten und kühl stellen. Lachs 20 Minuten vor dem Servieren in den Ofen schieben.

3. DESSERT

Früchtequark mit Granola

↓

SEITE 126

Quark vorher anrühren und kühl stellen. Obst vorbereiten. Zum Servieren alles anrichten.

Mediterran

1. VORSPEISE

Couscous-Suppe mit Lauch

↓

SEITE 47

Suppe garen. Lauch und Pilze putzen. Suppe zum Servieren erhitzen, Lauch und Pilze garen.

2. HAUPTSPEISE

Kabeljau mit Grillgemüse

↓

SEITE 118

Gemüse zubereiten. Fisch 20 Minuten vorher in den Ofen. Gemüse nochmals kurz erwärmen.

3. DESSERT

Blitz-Tiramisu mit Amaretto

↓

SEITE 122

Einige Stunden vorher zubereiten und bis zum Servieren kühl stellen.

Üppig

1. VORSPEISE
Rote-Bete-Salat

↓

SEITE 30

Salat und Dip zubereiten. Forelle vorbereiten und mit dem Dip bis zum Servieren zugedeckt kühl stellen.

2. HAUPTSPEISE
Rinderfilet mit Polenta-Mandel-Püree

↓

SEITE 106

Alle Zutaten vorbereiten und frisch garen bzw. zubereiten.

3. DESSERT
Blätterteigtörtchen

↓

SEITE 131

Törtchen schon ein paar Stunden vorher backen, zum Servieren ggf. kurz im Ofen erwärmen.

1

Aroma-reich

---

1. VORSPEISE

Süßkartoffelsuppe

↓

SEITE 44

*Suppe zubereiten und kühl stellen.
Zum Servieren nochmals erhitzen.*

2

2. HAUPTSPEISE

Schweinefilet mit Paprikasauce

↓

SEITE 102

*Paprikasauce zubereiten. Filets vor-
schneiden, Fenchel vorbereiten –
beides erst zum Servieren zubereiten.*

3

3. DESSERT

Beeren-Crumble

↓

SEITE 137

*Streuselteig zubereiten und kühl stellen.
Zwischendurch die Crumbles backen,
heiß oder lauwarm servieren.*

Küchentechnik

Rezeptregister

Unser Autor

ALFONS SCHUHBECK

© Stefan Braun

Der Meisterkoch, Autor und Unternehmer ist ein wahres Multitalent. In seinen Lehr- und Wanderjahren hat er seinen Horizont in Genf erweitert, in den Schmelztiegel Paris hineingeschnuppert und das Asien-geprägte London erkundet. Und von dort ein großes Wissen über Geschmäcke und Gewürze mitgebracht, die seiner bayerischen Küche etwas Besonderes geben.

© 2018 ZS Verlag GmbH
Kaiserstraße 14 b
D-80801 München

ISBN 978-3-89883-761-3
1. Auflage 2018

Projektleitung: Alexandra Gudzent
Rezeptküche: Monika Reiter
Redaktionelle Mitarbeit & Lektorat: Kathrin Gritschneder
Vorwort: Katja Mutschelknaus
Grafisches Konzept: Johanna Höflich/edenundhoeflich.de
Grafische Gestaltung: Georg Feigl
Food- und Stepfotografie: Mathias Neubauer
Foodstyling: Andreas Neubauer
Illustrationen: shutterstock/Rin Ohara
Herstellung & Producing: Frank Jansen, Jan Russok
Druck & Bindung: optimal media GmbH, Röbel

Kurze Wege schonen die Umwelt
Dieses Buch wurde in Deutschland gedruckt

Die ZS Verlag GmbH ist ein Unternehmen der Edel AG, Hamburg.
www.zsverlag.de | www.facebook.com/zsverlag

Willkommen bei Alfons Schuhbeck!

Alfons Schuhbecks Sternerestaurant „Fine Dining im Boettners" liegt am historischen Platzl, im Herzen von München. Hier finden Sie auch seine Restaurants „Südtiroler Stuben" sowie das „Orlando", seinen Eissalon, seine „Sportsbar", seinen Gewürz-, Tee-, Schokoladen- sowie Müsliladen. Die Produkte von Alfons Schuhbeck können Sie bequem im Online-Shop bestellen. Weitere Informationen erhalten Sie im Internet, telefonisch oder persönlich am Platzl.

Schuhbecks
Platzl 2
80331 München
Tel.: 089/21 66 90 -0
www.schuhbeck.de
www.schuhbeck-gewuerze.de